Robert Badinter
L'homme juste

Des mêmes auteurs

Dominique Missika

Le Chagrin des innocents, itinéraires d'enfants juifs de 1939 à 1947, Paris, Grasset, 1998.
La Guerre sépare ceux qui s'aiment, Paris, Grasset, 2001.
Petit Louis. Histoire d'un héros de la Résistance, Paris, Hachette Littératures, 2002.
Berty Albrecht, Paris, Perrin, 2005 ; coll. « Tempus », 2014.
Je vous promets de revenir : 1940-1945, le dernier combat de Léon Blum, Paris, Robert Laffont, 2009 ; rééd. 2020.
Résistance : Histoires de familles, avec Dominique Veillon, Paris, Armand Colin, 2009.
Les Français aux fourneaux de 1900 à nos jours, avec Anne Schuchman, Paris, Flammarion, 2009.
L'institutrice d'Izieu, Paris, Seuil, 2014 ; « Points », 2016.
Enfances. Un siècle d'histoire, Paris, Armand Colin, 2015.
Thérèse, le grand amour caché de Léon Blum, Paris, Alma, 2016.
Les Françaises au XXe siècle, Paris, Seuil, 2016.
Les Inséparables. Simone Veil et ses sœurs, Paris, Seuil, 2018 ; Le Livre de poche, 2020.
Nous, les enfants de la guerre. 1939-1945, avec Bénédicte Vergez-Chaignon, Paris, Tallandier, 2019.
Un amour de Kessel, Paris, Seuil, 2020.

Maurice Szafran

Les Familles du Président, avec Sammy Ketz, Paris, Grasset, 1982.
Chirac ou les passions du pouvoir, Paris, Grasset, 1986.
La Grande Histoire du cigare, avec Bernard Le Roy, Paris, Flammarion, 1989.

(suite à la page 271)

Dominique Missika
Maurice Szafran

Robert Badinter
L'homme juste

TALLANDIER

48, rue du Faubourg-Montmartre – 75009 Paris
www.tallandier.com

À Caroline (D. M.)

Pour Bettina et Jean-Michel (M. S.)

Le sens d'un livre

Depuis longtemps déjà, chacun de notre côté, l'une historienne, l'autre journaliste, nous nous sommes attachés à suivre le parcours politique, intellectuel, professionnel et moral de Robert Badinter. Nul en effet ne peut nier qu'il compte parmi les rares personnalités qui, dans cette Ve République, ont changé, par leur action politique et par leur influence morale, la société française.

En soixante années de vie publique, il n'a jamais été avare de déclarations sans jamais pourtant se livrer. Quand tant de personnages de moindre envergure rédigent d'inutiles mémoires, Robert Badinter préfère rendre hommage à sa grand-mère maternelle, Idiss. Plus et mieux qu'une indication.

Écrire une vie, c'est saisir celle-ci au plus près de ce qu'elle a été. Un pari que nous avons essayé de relever. À force de visionner des documentaires, à force de lectures - livres et interviews -, à force de témoignages, nous avons assemblé les pièces du puzzle

Badinter, depuis cette adolescence sous l'Occupation jusqu'à cette fracassante entrée dans l'Histoire à l'instant de l'abolition de la peine de mort. Mais la question n'en reste pas moins entière : qui est vraiment Robert Badinter ?

Assurément, nous avons affaire à un *mensch*, selon l'expression yiddish, la langue de sa famille, un type bien, courageux. Un personnage inscrit dans la dramaturgie de ce XXe siècle meurtrier, une figure qui a trouvé, du fait des circonstances mais pas seulement, une place éminente dans l'Histoire. Une conscience à laquelle se réfèrent des millions de citoyens français pour lesquels l'humanisme, le progrès et la solidarité ont encore un sens, qui retrouvent ces valeurs dans ses démarches et son parcours, au moment où la gauche démocratique, celle à laquelle il appartient depuis l'adolescence, a un besoin urgent de se régénérer, sinon elle disparaîtra. Dans ce contexte si particulier, retracer le périple de ce « vieil » homme de 92 ans est utile, entendre à nouveau ses paroles, indispensable. Car Robert Badinter nous a accordé de nombreux entretiens où il nous a dit beaucoup. Beaucoup, oui, mais pas tout. Il entretient – et nous le savions dès le début de notre entreprise –, le culte du secret.

Point de place ici pour le dithyrambe. Robert Badinter n'est évidemment pas un héros. Il est fait aussi de failles et de tourments. Mais sa longue vie, les différentes places et fonctions qu'il a occupées l'ont fréquemment installé, durant plusieurs décennies, à des points cardinaux de la société française. C'est ainsi que l'avocat Badinter, le professeur Badinter, le ministre Badinter, le président Badinter, l'écrivain Badinter, le militant Badinter se positionne comme une vigie répondant à nos tourments collectifs, comme un marqueur d'humanité. C'est en cela que ce parcours est, au sens littéral du mot, exemplaire.

Le biographe, c'est une évidence et une règle, doit conserver une part de distance avec son sujet, même si, par définition, il en est proche. Face à Robert Badinter, nous n'étions ni groupies ni procureurs. Nous n'avions pas pour objectif de briser l'icône qu'il est devenu, mais de comprendre et contextualiser ce parcours hors du commun. Quelle est la vérité, si elle existe, de ce Robert Badinter devenu légende vivante ?

À intervalles réguliers, il nous a reçus avec un plaisir évident à dérouler sa vie, ses combats, ses succès, ses échecs et, cela va de soi, ses regrets. Précisons-le, un accord tacite nous liait : aucune question sur sa vie privée, son mariage avec Élisabeth, ses enfants, ses amis intimes, son mode de vie. Et pourtant, nous avons découvert que Robert Badinter a une parole libre, directe, parfois ironique, sarcastique même.

La preuve…

CHAPITRE PREMIER

Des immigrés si français

Quand Robert Badinter voit le jour le 30 mars 1928, son père Simon a 33 ans, sa mère Charlotte, 29 ans, et son frère Claude, 3 ans. Son premier souvenir, c'est celui d'une chute dans la trappe restée ouverte d'une parfumerie où il avait accompagné sa mère. Le noir complet. L'affolement général. Il a eu si peur qu'il en gardera toute sa vie l'angoisse du vide.

Enfance classique, celle d'un garçon choyé par ses parents. La protection d'un frère aîné que Robert admire. Les deux frères se ressemblent, bruns, raie sur le côté, cheveux coiffés à plat, yeux noirs et vifs. La famille Badinter habite à proximité de la place de l'Étoile. Rien ne les distingue de leurs voisins à ceci près qu'ils ne vont pas… à la messe. Le vendredi soir, Idiss, la mère de Charlotte, qui vit avec eux, allume des bougies pour le shabbat. Des immigrés juifs d'Europe de l'Est.

La priorité de Charlotte pour ses deux fils ? L'école, l'éducation, afin de s'élever dans la société française. Et pour cause… Charlotte ne s'est pas toujours prénommée Charlotte. Née Chifra Rosenberg, le 24 septembre 1899, à Edenitz en Bessarabie, une région située entre la Roumanie et l'Ukraine, elle est le dernier enfant d'Idiss et de Schulim qui ont déjà deux fils, Avroum et Naftoul. Leur existence misérable dans cette province de l'Empire russe où les Juifs habitent dans des bourgades, des *shtetls*, ressemble aux tableaux de Chagall ou à l'univers d'*Un violon sur le toit*. À intervalles réguliers, les paysans attaquent ces villages aux cris de « Tuons les Juifs ». Ceux qui en réchappent veulent fuir en Amérique, en Palestine ou en France.

« Je regrette de ne pas lui avoir dit plus souvent combien je l'aimais. » Ainsi parle Robert Badinter d'Idiss, sa grand-mère maternelle. Si son petit-fils a tenu à lui rendre hommage dans un livre, c'est parce que l'ingéniosité, la rage de vivre de cette femme forcent l'admiration. Les broderies qu'elle vend au marché ne suffisent pas à nourrir sa famille. Alors, elle se livre à la contrebande du tabac. En 1899, quand son mari revient du front, naît la petite dernière, Chifra. L'argent manque toujours. L'époux est un joueur invétéré qui perd ce qu'elle gagne péniblement. En 1907, après les pogroms meurtriers de Kichinev, la capitale de la Bessarabie, orchestrés par le tsar et ses ministres pour détourner la colère de la population, les deux fils d'Idiss, Avroum (23 ans) et Naftoul (21 ans), partent vers la France, pays de la liberté et des droits de l'homme. Ces foules antisémites déchaînées qui s'emparent des enfants et leur fracassent le crâne, violent les femmes, et brûlent les maisons les contraignent à l'exil.

Apatrides, bredouillant à peine le français, ils commencent chiffonniers du côté de la rue Mouffetard, le Paris populaire des entrepôts, des ateliers et des fabriques au rez-de-chaussée d'immeubles délabrés. Avec leur charrette à bras, ils quadrillent les beaux quartiers pour racheter des vieux vêtements, les ravauder et les revendre sur les marchés. Le dimanche, ils proposent aux promeneurs du bois de Vincennes des madeleines rassies arrosées d'eau.

Lettre après lettre, les deux frères de Charlotte persuadent le reste de la famille de les rejoindre dans ce pays de « prospérité, de liberté et de paix », assurent-ils. À leur tour en 1912, Idiss, Schulim et Chifra-Charlotte, alors âgée de 13 ans, quittent le Yiddishland maudit, celui des persécutions et des pogroms, pour Vienne, la capitale de l'Autriche où ils font une première halte. Les dames du Joint, une association de bienfaisance américaine, les accueillent et leur donnent quelque argent ainsi que des vêtements afin qu'ils puissent poursuivre leur longue traversée de l'Europe en train jusqu'à Paris.

La famille Rosenberg est enfin réunie. Le passé est trop sinistre pour que la nostalgie les menace. Ils sont venus en France avec la volonté de mener une vie meilleure dans ce pays qui leur offre l'asile, où ils ne devraient subir ni violence ni haine. L'argent continue certes de manquer, mais ils mangent à leur faim et la peur a en très grande partie disparu. Charlotte découvre le quartier de la place Monge où ses deux frères louent un atelier. Ils y vivent aussi. Pour elle, une alcôve fermée par un rideau la nuit. Tout le monde travaille sauf Charlotte qui va à l'école, pour la plus grande fierté de sa mère Idiss qui souffrira toute sa vie de ne savoir ni lire ni écrire.

L'école républicaine est un lieu où l'on est censé oublier d'où l'on vient. Quand Charlotte entre dans la cour de l'école primaire de la rue des Hospitalières-Saint-Gervais, au cœur du Marais, rien ou presque ne la distingue des autres petites filles. Cet établissement, parfois surnommé école Rothschild, a été fondé pour accueillir les enfants juifs nécessiteux. On leur apprend à devenir un citoyen français et juif, et non pas un Juif immigré. Charlotte est heureuse. Elle aime la salle de classe, l'odeur de la craie et du poêle, l'encrier de porcelaine blanche, les cartes de géographie aux murs. Et par-dessus tout, le maître, M. Martin, qui fait des heures supplémentaires avec les élèves qui parlent yiddish chez eux pour les aider à rattraper leur retard. Jamais Charlotte ne se lassera de raconter à ses fils quel a été son bonheur et celui des siens le jour où elle a été reçue au certificat d'études. Joie de courte durée, car elle n'ira pas au lycée, ses parents jugeant inutile qu'une fille poursuive ses études. Mais grâce à la bibliothèque municipale et aux cours du soir suivis au Conservatoire des arts et métiers, elle continuera à apprendre.

Après quelques années de travail comme fripiers, les Rosenberg emménagent dans un pavillon à Fontenay-sous-Bois, dans la banlieue est de Paris. Schulim, le père de Charlotte, n'en profitera guère, il meurt à 56 ans, le 26 juin 1920. À cette époque, Charlotte tombe amoureuse d'un charmant jeune homme. C'est vrai, Samuel a fière allure, les photos le montrent. Cheveux noir de jais plaqués en arrière, regard profond, sourcils épais, élancé, un homme éduqué, aux manières distinguées, tiré à quatre épingles. Robert éprouvera toujours pour son père un mélange de curiosité, d'affection profonde et d'admiration éperdue.

Samuel est né le 20 septembre 1895 à Telenesti, en Bessarabie, la ville principale de la Moldavie. Son aïeul, Vladimir Badinter, né à Poltava vers 1785, a combattu dans les rangs de l'armée pendant la campagne de Russie en 1812. Son fils, Simon, l'arrière-grand-père de Robert, né en 1825, s'engage à son tour et fait la guerre de Crimée. Il est tué pendant le siège de Sébastopol en 1855. En récompense de son courage, le tsar Alexandre II octroie à sa veuve 56 hectares de prairies à Telenesti où elle s'installe avec ses enfants. Son fils Abraham (1853-1914) élève des bovins, vend des cuirs et des peaux. Marié à Shindléa Génia Babis, ils ont huit enfants dont Samuel, le quatrième, le père de Robert. De sa famille paternelle, Robert Badinter sait peu de choses. Quand il s'interrogera sur leur histoire, il sera trop tard pour poser les questions à ceux qui auraient pu répondre. Tous auront disparu, victimes de la Shoah. Ce que Robert a retenu, c'est que son père était un enfant précoce, qu'il a été encouragé à poursuivre ses études. Dès son arrivée en France, Samuel devient Simon. Et prendra soin de choisir pour ses fils deux prénoms chrétiens à résonance française.

À l'école où il apprend l'hébreu et le russe, le futur Simon se révèle un élève doué au point que son maître l'envoie au lycée impérial de Kichinev, la grande ville voisine où vivent 50 000 Juifs et 60 000 « Gentils ». Il obtient une bourse sans laquelle il n'aurait pas été en mesure de poursuivre ses études. Mais il doit franchir un autre obstacle : 5 % d'élèves juifs dans ce lycée, pas davantage. Il sait qu'il ne recevra ni médaille ni prix. C'est interdit aux Juifs. Puis il s'inscrit à l'université de Moscou où, malgré un nouveau *numerus clausus*, il est accepté.

Quand Simon débarque à Moscou au début du XXe siècle, la capitale est en pleine ébullition. Étudiant sans le sou, inscrit à la faculté des sciences économiques, en butte aux lois qui interdisent aux Juifs la plupart des métiers, révolté par la misère du peuple russe, il découvre le socialisme, la fraternité, la laïcité. Séduit par ces nouvelles idées, il rallie les mencheviks, les sociaux-démocrates de l'époque, et milite avec ardeur, allant jusqu'à manifester devant l'ambassade de France en chantant *La Marseillaise*, racontera-t-il à ses fils non sans fierté. La scène de la dispersion de la foule par les cosaques à coups de fouet marquera Robert Badinter.

En 1915, alors que la Russie est en guerre, Simon a 20 ans. Il est mobilisé le 16 mai dans l'armée impériale. Le voilà lieutenant dans l'infanterie, le grade le plus élevé pour un Juif, affecté dans la troupe du général Broussilov qui entre dans l'histoire militaire russe pour sa brillante offensive à l'été 1916 contre les Austro-Hongrois. Les pertes s'élèvent à près de 550 000 morts. Simon est blessé à la jambe, du côté des Carpates, et transporté à l'hôpital militaire de Saint-Pétersbourg, échappant de peu à l'amputation. Il reçoit la croix de Saint-Georges pour sa bravoure. Il poursuit sa convalescence à l'hôpital d'Odessa. La propagande révolutionnaire se répand dans les rangs de l'armée. La lecture des romans de Romain Rolland le galvanise. L'écrivain français dénonce l'absurdité de la guerre. Le pacifisme et l'humanisme de Rolland sont en accord avec ses idées, confortées par ce qu'il a vu sur le front, cette « boucherie », ces combats où tant de soldats sous ses ordres ont trouvé la mort.

Aussitôt après sa guérison, il devient employé à la Banque foncière des paysans, institution financière créée en 1893 pour aider les paysans de l'Empire russe à financer le rachat de leur terre agricole. Mais, aussitôt après la Révolution d'octobre 1917, le pouvoir bolchevik ferme la banque. La Révolution se révèle vite cruelle, sang versé et fureur antisémite vont de pair. « La guerre est une horreur, la révolution, pire encore », dira Simon à ses fils. Dans ces conditions, à quoi bon rester ? Il décide que la France, celle de Romain Rolland, sera sa patrie. Parti en éclaireur, Simon a prévu ensuite de faire venir sa famille. À Odessa, il embarque à bord d'un navire turc à destination de Marseille grâce à la complicité des autorités françaises. À Constantinople, il parvient à obtenir un visa pour être accueilli en France. Une sorte de miracle, car ils sont délivrés au compte-gouttes. Sans doute son français quasi parfait a-t-il joué en sa faveur. Le 16 octobre 1919, il débarque à Marseille sur le Vieux-Port, sa première vision de la France. Ultra-déterminé, il poursuit aussitôt son chemin. Il s'est mis en tête de rejoindre Nancy, une ville où des Juifs sont établis de longue date. Il s'inscrit à l'Institut commercial de l'université où il obtient un diplôme d'ingénieur. Puis il arrive à

Paris en 1920, son rêve. Il s'imagine journaliste, écrivain. Mais il revient vite à la raison : il lui faut gagner sa vie pour permettre aux siens d'arriver à leur tour.

Comme de nombreux Juifs russes immigrés à Paris, il se lance dans le commerce de la pelleterie et de la fourrure. Il y réussit d'autant plus rapidement que ses études d'ingénieur l'y ont préparé. Doué pour les affaires, négociant avisé, il se rend aux foires de pelleterie de Leipzig, de Londres ou de Francfort. Il trouve un entrepôt à Paris, 11 cité Trévise dans le IXe arrondissement, pour stocker les peaux et installer les bureaux de la société Paris-New York, précisément dans le quartier des fourreurs. Trois ans plus tard, il s'agrandit et loue juste à côté un autre local, 19 rue Richer. Il habite à proximité, 3 cité Bergère.

Dans ce quadrilatère entre les rues de Paradis et des Petites-Écuries, la rue Richer et la rue du Faubourg-Poissonnière, les Juifs sont nombreux. On ne compte plus les magasins kasher, les synagogues, les commerces de peaux, les magasins de verrerie.

Comment les parents de Robert Badinter se sont-ils rencontrés ? Au bal des Bessarabiens de Paris. Comme les Auvergnats ou les Bretons de Paris, la diaspora des Juifs roumains se donne rendez-vous pour dîner et, accessoirement, trouver l'âme sœur. Simon est vite séduit par cette jeune femme brune, de taille moyenne, mince, aux traits réguliers, habillée à la mode des années 1930, robe mi-longue fluide, cheveux bouclés et coupés au carré sous un petit chapeau. Comme il se doit, Simon se rend à Fontenay-sous-Bois demander la main de la jeune fille. Idiss, sa mère, veuve depuis peu, n'a aucune raison de refuser. C'est un « beau parti », un Juif, un travailleur. Et il s'est déjà enrichi. Les Rosenberg, eux, sont plus modestes. Le mariage civil a lieu à la mairie de Fontenay-sous-Bois le 7 juin 1923. Si la mère et les frères de la mariée sont présents, Simon est seul. Son père est décédé, sans qu'il l'ait revu. Sa mère ainsi que ses frères et sœurs sont toujours en Bessarabie. La cérémonie religieuse se déroule à la synagogue rue Notre-Dame-de-Nazareth, à proximité de la place de la République, le dimanche 17 juin 1923, lit-on dans *L'Univers israélite*, sorte de journal officiel de la communauté. Pour l'occasion, Simon a loué un smoking et un haut-de-forme, et Charlotte doit à sa belle-sœur Marguerite, la femme d'Avroum, sa robe de mariée en satin et dentelle, avec un léger voile sur ses cheveux. Une cérémonie conforme en tout point à ce qui se fait à l'époque pour les Juifs réfugiés d'Europe de l'Est – qui montre leur volonté de s'intégrer au plus vite dans la société française tout en respectant les traditions juives.

« *Lebn vi Got in Frankraykh* » (« Vivre comme Dieu en France » ou « Heureux comme Dieu en France »), ce proverbe yiddish correspond au sentiment de reconnaissance éprouvé par Simon et Charlotte pour ce pays, terre d'accueil et d'asile pour tous ceux qui ont fui, au début du XXe siècle, la misère économique et les pogroms. Un pays, la France, où ils peuvent commencer une autre histoire, se donner la chance d'une nouvelle vie. S'intégrer, s'assimiler, au point de faire table rase – jusqu'à un certain point – du passé et devenir citoyen français : voilà le rêve, voilà la volonté clairement affichée de Simon qu'il partage avec Charlotte.

À chaque étape qui va suivre, les Badinter s'appliquent à être ostensiblement et impeccablement français. Mais ils ne négligent pas pour autant les valeurs du judaïsme. Certes, Simon est athée, mais il n'en respecte pas moins certaines fêtes, Yom Kippour, le nouvel an juif, ou encore Pessa'h, la Pâque juive. Son fils aîné, Claude, préparera sa bar-mitsva.

Très vite, l'affaire de Simon devient florissante. Ses clients achètent des peaux brutes de fourrure qu'ils transforment en manteaux, en vestes de vison ou d'astrakan. Pour développer l'entreprise, la mère de Robert confectionne elle-même, dans un atelier, des manteaux et des vestes à cols de fourrure. Elle crée une marque, Cravcol.

Signe de leur réussite rapide, le couple emménage 8 rue Philippe-de-Champaigne, près de l'avenue des Gobelins dans le XIIIe arrondissement. Une première marque de réussite. En 1923, Simon et Charlotte déménagent dans l'Ouest parisien, à la différence du petit peuple juif de Paris qui, lui, reste autour du Marais, de la République ou de la Nation. Simon a choisi le XVIe arrondissement. Il sait que la réussite sociale se mesure aussi au prestige d'un quartier.

C'est en effet une vie différente que découvre la famille Badinter. De larges avenues bordées d'arbres, les immeubles aux façades cossues. Dans ce quartier « bien habité » comme on dit alors, la rue Lauriston, qui va de la rue de Presbourg à la rue de Longchamp, est typiquement haussmannienne. L'immeuble du 10 rue Lauriston, en pierre de taille avec des balcons en fer forgé, où les Badinter s'installent, témoigne de leur embourgeoisement. Édouard Drumont, l'idéologue d'un antisémitisme farouche du début du siècle, aurait vu chez les Badinter la preuve éclatante de ce qui nourrit sa haine des Juifs : « Après près de trente ans d'une existence d'économie et de travail, où l'on se refusait tout plaisir, ma famille avait fini par habiter les mansardes. C'est ce qui explique peut-être que je n'aie jamais pu comprendre comment des Juifs, qui étaient arrivés en haillons chez nous et qui n'avaient jamais fait œuvre utile, aient pu parvenir à avoir des hôtels à Paris et des châteaux historiques aux champs », écrit-il en 1901…

Simon et Charlotte ont le culte des études. Elle a pour seul diplôme un certificat d'études, Simon, lui, parle un français châtié, perfectionné sur les bancs de l'université. Il est le seul *Yid* (« Juif » en yiddish) qui, comme dans une pièce de Molière, dit « fi donc » pour manifester son dégoût. Il est fier de s'être débrouillé en français aussitôt arrivé dans la capitale et ce, grâce à Balzac et à Hugo dont il raffole. Simon s'interdit de parler russe en présence de ses enfants. Il s'exprime en yiddish avec sa belle-mère, en russe avec sa femme quand il ne veut pas que ses fils comprennent. À force de démarches auprès de l'administration, Simon réussit à faire venir sa mère, prénommée Shindléa, de Kichinev et lui trouve un logement rue de Trévise, à deux pas de son bureau. Ses frères et sœurs, des commerçants, ne suivent pas. Se croient-ils en sécurité ? Remettent-ils leur décision à plus tard ? Simon en est tourmenté.

Dans son esprit, il ne suffit pas d'être français de cœur et de raison ; encore faut-il l'être au regard de la loi. Décidé à obtenir la nationalité française, Simon Badinter dépose d'abord un dossier de « demande d'admission à domicile » le 18 juin 1926 au commissariat de police du quartier de Chaillot. Ce n'est pas encore la naturalisation en bonne et due forme, c'est la possibilité de bénéficier des droits civils français tout en restant étranger. Cette procédure est accordée après enquête de police. Dans les renseignements demandés figure la fortune. Il déclare un bénéfice annuel de 100 000 francs, disposer de

350 000 francs placés et avoir à sa charge sa mère, sa belle-mère et un enfant. Motif de sa demande ? « En raison de mes sentiments envers la France. » Autre question : « Aurait-il perdu tout espoir de retour dans son pays ? » La réponse tient en un mot : « Oui. » Comme il est « honorablement connu », le commissaire de police donne un avis favorable. Le préfet de police aussi. Mais sa demande n'aboutit pourtant pas. En 1927, une loi simplifie et favorise la naturalisation. Le 16 août, Simon Badinter écrit au garde des Sceaux pour demander cette fois-ci la nationalité française. Il précise qu'il a fait naturaliser son fils Claude, né le 27 avril 1925. Sous sa signature, deux lignes écrites à la main et signées de Charlotte : « Je me joins à mon mari pour demander la nationalité française. » En janvier 1928, le décret de naturalisation est publié au *Journal officiel* et sera remis à M. et Mme Badinter au commissariat du XVIe arrondissement. Enceinte de Robert, Charlotte se rend elle-même dans les locaux de la police, avenue Mozart, où le commissaire en personne, sans doute un ancien combattant, a tenu à lui remettre le document en main propre :

« Je vois que vous attendez un heureux événement, espérons que ce soit un garçon qui défendra glorieusement la France et la République.

– Certainement, Monsieur, vous pouvez compter sur ses parents. »

Combien de fois Claude et Robert ont-ils entendu cette histoire que leur mère, touchée par la galanterie de ce commissaire, aimait raconter ?

L'éducation des deux frères, l'éducation avant tout. L'aîné, Claude, semble plus brillant que le cadet, Robert. Inscrits au « petit » lycée Janson-de-Sailly, rue de la Pompe, ils sont l'un et l'autre premiers de leur classe, des élèves studieux et disciplinés. Ils bénéficient de leçons particulières à la moindre défaillance. Charlotte est d'une nature douce et discrète, peu expansive, trait de caractère dont a hérité Robert. On ne montre pas ses sentiments, on ne se livre pas, lui enseigne sa mère. Il a retenu la leçon.

Regrettant sans doute d'avoir abandonné toute étude ou carrière littéraire, Simon veut espérer que son fils aîné, Claude, intégrera l'École normale supérieure, qu'il sera ensuite professeur à la Sorbonne. Le cadet, Robert ? Il pourrait reprendre l'affaire de pelleterie après avoir « fait son droit ». Bien vu, en partie…

En 1938, Robert a 10 ans. Jugeant sa famille logée à l'étroit, Simon achète un appartement plus vaste, toujours dans le XVIe arrondissement, cette fois-ci, 4 rue Raynouard, de l'autre côté du Trocadéro, dans le quartier de Passy. L'appartement, au dernier étage d'un immeuble construit en 1910, avec double orientation, côté cour et côté rue, façade en pierre de taille, un escalier en pierre et un escalier de service, comprend salon, salle à manger et une chambre pour les deux garçons d'où ils aperçoivent la tour Eiffel. Une chambre sur la cour pour Idiss, une autre pour les parents et une cuisine. Dans le souvenir de Robert, le mobilier est cossu, mais sans raffinement, acheté au faubourg Saint-Antoine, quelques peintures sans harmonie ni goût. Rien ne manque dans cette éducation bourgeoise. Une vieille fille, une certaine Mlle Lindford, donne des leçons de piano aux deux frères. À 12 ans, Robert porte le même pantalon de golf que son aîné, très à la mode – et déjà un peu ridicule – dans les années 1930. Deux petits Parisiens, aux bonnes manières, élevés et habillés « comme il le faut ».

Grâce à son frère aîné, Robert découvre des livres « au-dessus de son âge ». Le jeudi, Idiss emmène ses petits-fils jouer aux billes sur l'avenue Foch, puis boire un chocolat au salon de thé La Marquise de Sévigné, fréquenté par les dames chics du XVIe arrondissement. Analphabète, parlant mal le français, qui plus est avec un fort accent, elle se contente de demander l'addition dont elle connaît par avance le montant, et de payer sans négliger de laisser un généreux pourboire.

Une bonne bretonne assure le ménage et s'occupe des enfants, et pour les vacances, les Badinter louent un appartement, parfois une villa, à Deauville ou au Pouliguen, une station balnéaire près de La Baule. Promenades, bains de mer, club Mickey et leçons de tennis pour les garçons… Une façon de montrer, par ces vacances, une volonté farouche de s'intégrer à la société française, de faire siennes ses traditions, y compris estivales. Incroyable parcours puisque, il n'y a pas si longtemps encore, Simon et Charlotte vivaient aux confins de la Russie. Ils initient leurs deux fils à tout ce qui est censé éduquer les enfants de la bonne bourgeoisie française, la littérature, la musique, le théâtre, le sport.

Les Badinter, dans « leur » XVIe arrondissement, n'ont plus guère en commun avec les Juifs du Marais, ceux de la rue des Rosiers ou qui habitent du côté de Belleville. Pour autant, ils ne fréquentent pas non plus ceux que l'on appelle les Israélites, installés de longue date en France qui, en réalité, voient d'un mauvais œil l'arrivée de ces Juifs « pouilleux » parlant yiddish. Aujourd'hui encore, Robert Badinter s'amuse à réciter une ritournelle entendue dans son enfance et qui résume la lutte des classes parmi les Juifs à la veille de la Seconde Guerre mondiale…

« Le marchand de flanelle
Se marie rue des Tournelles
Le négociant en bijoux faux
Se marie rue Buffault
L'Israélite plus notoire
Se marie à la Victoire
Le Juif comme il faut
Se marie à Saint-Pierre-de-Chaillot. »

Robert Badinter ne sera jamais un Israélite français. Quelle que soit sa réussite, il ne fera pas partie du monde des Debré, Veil, Vidal-Naquet ou Lyon-Caen, et encore moins de celui des grandes fortunes juives, les Stern, Lazard, Rothschild qui, *via* des sociétés philanthropiques, aident les Juifs fuyant la misère. À défaut d'appartenir à l'establishment juif, le nom de Simon Badinter apparaît toutefois dans les colonnes de l'*Univers israélite* à la rubrique des donateurs à l'occasion des grandes fêtes.

25 mai 1937, esplanade du Trocadéro. Une journée mémorable. Robert, 9 ans, est juché sur les épaules de son père dans la foule massée sur le parcours du cortège officiel qui acclame Léon Blum inaugurant la « grandiose Exposition universelle » par ces mots : « Soyons fiers de présenter à l'univers, l'œuvre difficile et belle comme un poème que viennent de créer Paris et la France. » Les « Vive Blum ! Vive Blum ! » comblent de joie Simon, disciple de Jaurès, électeur de gauche, fier de voir un socialiste juif à la tête de sa patrie d'adoption. Par une sorte de ruse de l'Histoire, Robert Badinter emménagera, bien plus tard, rue Guynemer à Paris, en face du jardin du Luxembourg, dans l'immeuble où Blum habitait au temps de l'affaire Dreyfus.

De ces années d'enfance, Robert ne garde pas seulement des souvenirs et des images de bonheur. Il n'ignore ni les discours de Hitler ni ceux de Mussolini.

Chez les Badinter, on essaie si ce n'est de minimiser l'antisémitisme, du moins de s'en protéger. La haine que Léon Blum inspire à l'extrême droite le frappe. Que Charles Maurras, l'éditorialiste et idéologue de *L'Action française*, le journal royaliste, le décrive comme un « détritus humain, à traiter comme tel, un homme à fusiller, mais dans le dos », est monstrueux. Tout aussi choquant, le député d'extrême droite Xavier Vallat, lequel se plaint que « pour la première fois ce vieux pays gallo-romain va être dirigé par un Juif ». Il y a aussi les chansonniers et leurs couplets antisémites. Et puis, dans les rues, Claude et Robert découvrent des graffitis écrits à la craie sur les murs : « Mort à Blum ! Mort aux Juifs ! » Chacun des deux fait mine de ne pas les remarquer. Ce sont des « fausses notes », explique leur père. Mais Robert n'est pas dupe. En 2019, il inaugure la salle de réunion des professeurs du lycée Janson qui porte désormais son nom, « une récompense inattendue », dit-il. Mais ce jour-là, Robert Badinter fait un aveu : il a toujours gardé en mémoire l'antisémitisme dont fut victime la poignée de lycéens juifs. La bonne éducation des frères Badinter leur commandait toutefois de ne pas en faire une histoire…

Intermède heureux au printemps 1938, Claude célèbre sa bar-mitsva à la synagogue de la rue Copernic. Cela ne suffit pourtant pas à éclipser l'angoisse de Simon et des siens quand ils écoutent les discours de Hitler à la radio, ce grand poste en bois d'acajou qui trône au milieu du salon style Louis XVI. Quelques mois plus tard, les accords de Munich sont signés pour « éviter la guerre »...

Le 14 juillet 1939, Robert est déçu. Alors qu'il passe ses vacances au Pouliguen, son père refuse de l'emmener au défilé militaire qui s'annonce pourtant grandiose. Il ne comprend pas l'attitude de Simon à la fois farouchement patriote et pacifiste convaincu. Le feu d'artifice et la glace achetée sur la jetée effacent la déception de Robert. Ce sont les derniers beaux jours. Le glas d'une enfance heureuse.

Chapitre II

Orphelin

2 septembre 1939. La France déclare la guerre à l'Allemagne. La peur des bombardements conduit Simon à mettre sa famille à l'abri loin de Paris. De nombreux reportages photographiques montrent l'évacuation de petits Parisiens et banlieusards. Les Badinter, eux, suivent les consignes du gouvernement : évacuer de la capitale les enfants et, plus généralement, les « personnes non indispensables ». Simon suppose qu'à son âge, 44 ans, il sera réserviste. Il a connu de trop près les horreurs de la guerre pour ne pas s'inquiéter. L'ouest de la France lui semble la bonne destination. À Nantes, un fourreur, lui-même mobilisé, met en location son commerce.

Inscrit pour l'année scolaire 1939-1940 au lycée Georges-Clemenceau à Nantes, Robert, 11 ans, commence une nouvelle vie dans un petit appartement. Deux pièces qui donnent sur la cour servent d'entrepôt pour le stock de fourrure emporté depuis Paris. De sa chambre qu'il partage avec son frère, il voit le château de la duchesse Anne. La drôle de guerre s'installe. Paris lui manque. Son père revient le week-end, sa mère travaille au magasin. Idiss, venue avec eux, veille sur les deux garçons.

Au lycée, on distribue les masques à gaz et on apprend les consignes en cas d'alerte. La boutique tourne au ralenti. Tandis que Claude, 15 ans, joli garçon, découvre les charmes des jeunes filles de province, Robert va au cinéma le jeudi après-midi avec sa grand-mère. Il est question aux Actualités de la ligne Maginot qui empêchera les Allemands d'envahir la France. Une vie paisible… jusqu'au 10 mai 1940.

Entre le 10 mai et le 17 juin 1940, huit millions de Français sont sur les routes pour fuir l'avancée des Allemands. Ils filent vers le sud. Comment vit-on cette situation lorsqu'on est un gamin de 12 ans ? Un seul espoir : la victoire de cette armée que son père croit invincible, comme tous les Français.

Le 14 juin, les Allemands entrent dans Paris. Le 16, Pétain devient chef du gouvernement. Le lendemain, le maréchal annonce qu'il fait « don de sa personne à la France pour atténuer son malheur ». Pour Robert, les premières images de la guerre se résument à un défilé permanent de camions militaires, de voitures de tous modèles, de motocyclistes, de bicyclistes, et même de charrettes à bras avec le mobilier, les enfants au-dessus, des piétons chargés, écrasés sous les valises, les ballots et les sacs, se frayant un passage à travers les véhicules, foule qui ne pense qu'à avancer, qu'à fuir.

19 juin 1940, Nantes se rend sans combat. Elle est déclarée ville ouverte. Robert voit se déverser le flot des soldats français hagards et épuisés, triste spectacle d'une armée en déroute. Quelques jours auparavant, son père est passé embrasser sa famille. Simon est convaincu que les Allemands prendront son fils aîné pour un adulte. Il est presque aussi grand que lui. La rumeur court en effet que les Allemands font prisonniers tous les hommes. Pas question donc de rester à Nantes. Il embarque Claude dans sa Citroën, en direction de Toulouse. Simon, les yeux embués de larmes, embrasse Robert, désormais le seul « homme » de la famille. Robert, qui essaie de ne pas pleurer, vit mal cette première séparation.

Nantes, volets clos, est une ville morte. Un matin, Robert entend le bruit d'une moto. Par la fenêtre, il voit un side-car avec une mitrailleuse s'arrêter en bas de l'immeuble. Des soldats allemands. Ils sont jeunes et donnent l'impression de se promener, la mitrailleuse en bandoulière, les manches de chemise retroussées, le casque posé sur le capot du side-car, la vareuse à côté. L'un des soldats sort une carte, un autre contemple le château et le troisième observe autour de lui. Ils rient à gorge déployée. Un « rire de vainqueur » que Robert Badinter n'oubliera jamais.

Un mois plus tard, Simon, qui a quitté Toulouse où il s'était réfugié avec Claude, décide de revenir dans la capitale. Le propriétaire du magasin loué à Nantes par Charlotte est démobilisé et tient à reprendre son commerce. Il faut transporter à nouveau le stock de fourrure et, surtout, obtenir des bons d'essence ainsi qu'un « certificat de rapatriement ».

Paris, où une série de mauvaises nouvelles les attendent, a changé de visage. La croix gammée qui flotte sur la tour Eiffel, les pancartes en allemand, les soldats vert-de-gris attablés aux terrasses des cafés, le couvre-feu, les contrôles d'identité en permanence… L'heure de Berlin a sonné. Il y a aussi les queues interminables devant les magasins, le manque de charbon, les approvisionnements des magasins irréguliers, et, en septembre, le rationnement. Pour les Parisiens, la vie quotidienne est rude. Elle se complique d'autant plus pour les Badinter qu'Idiss souffre d'un cancer de l'estomac. Charlotte reste au chevet de sa mère qui s'affaiblit de jour en jour. Au mois d'octobre, les deux garçons retrouvent le lycée Janson-de-Sailly.

Malheureux de voir sa grand-mère si affaiblie et sa mère à ce point soucieuse, Robert assiste aussi, navré et impuissant, à la métamorphose de son père. Simon est méconnaissable, ses traits se sont creusés. Tout ce en quoi il croyait s'est effondré, la France, la République et son armée, la patrie. Taciturne, il n'est plus que l'ombre de lui-même, enfermé, muré dans le silence. Robert Badinter gardera toujours en mémoire la tristesse de son père, cette blessure inguérissable le jour où les Allemands, aidés par Vichy, font de lui un paria.

En effet, le 27 septembre 1940, le Militärbefehlshaber (commandement militaire) publie la première ordonnance exigeant que les Juifs de la zone nord (français ou étrangers) se fassent recenser avant le 20 octobre. Simon, qui n'imagine pas désobéir, se rend au commissariat de Passy, là où deux ans plus tôt son épouse était allée chercher ce « merveilleux » document de naturalisation. Au retour, se souvient Robert Badinter, il s'est assis et a dit d'une voix éteinte : « Ne me dérangez pas. » Ni Robert ni son frère ne lui posent la moindre question. Ils observent le visage déformé de leur père et l'empressement de leur mère à l'entourer.

Fiché, Simon se voit ensuite dépouillé de son entreprise. Le gouvernement de Vichy décrète que toutes les entreprises juives doivent être placées dans les mains d'un commissaire-administrateur non juif. Pour commencer, il doit apposer une affiche jaune « Entreprise juive » sur sa porte puisqu'il s'agit de « supprimer définitivement l'influence juive dans l'économie française ». Un administrateur provisoire, un dénommé René Roger, récupère les clés. Simon n'est donc plus propriétaire. En application de la loi et faute d'acquéreur, Vichy ordonne la liquidation du fonds de commerce de pelleterie du « Juif français Badinter ».

Sur un compte bloqué, l'administrateur consent à lui verser de temps à autre de petites sommes.

Plus de ressources, la menace de dénaturalisation, l'exclusion de sa propre affaire, l'exécution d'otages, la multiplication des interdictions, les rumeurs d'arrestation en masse qui se préparent… Tout encourage à fuir. Mais où ? En zone non occupée ? À la campagne ou, au contraire, à Lyon, à Marseille ? Avec quel argent ? Seul ou tous ensemble ? Comment se résoudre à quitter son domicile ? À qui faire confiance ?

Le 14 mai 1941, 6 000 Juifs étrangers reçoivent une convocation, sous la forme d'un « billet vert », qui les invite à se présenter dans divers lieux de rassemblement pour « examen de situation ». En fait, ils sont immédiatement arrêtés et transférés dans deux camps du Loiret, à Pithiviers et à Beaune-la-Rolande, gardés par des gendarmes français. L'alerte est donnée. Dans les jours qui suivent, Simon passe clandestinement la ligne de démarcation pour rejoindre Lyon. Il promet à Robert que, bientôt, ils seront à nouveau réunis, lui fait mille recommandations comme à son frère. Simon, qui veut à tout prix épargner ses deux enfants, ne leur laisse pas deviner à quel point le danger est devenu pressant. Sur ordre des autorités allemandes, le poste de TSF a été confisqué rue Raynouard.

Les queues s'allongent devant les magasins aux étals presque vides. Dans le XVIe arrondissement, nombreux sont les immeubles et les grands hôtels réquisitionnés par les Allemands pour y loger les officiers et leurs services. L'avenue Foch est occupée par les services de sécurité et la police. Les hôtels particuliers, notamment ceux possédés par des Juifs, sont saisis, parfois pillés, souvent habités par des collaborateurs français qui en apprécient le standing. On les croise dans les rues, on s'abstient de les saluer et les enfants Badinter, eux, accélèrent le pas pour rentrer à la maison.

Au lycée, rien n'a changé, en apparence, quelques bagarres dans la cour aux cris de « sales youpins », des réflexions désagréables… Tout cela n'empêche pas les deux garçons de continuer à accumuler des prix qu'on ne leur remettra pas. Et il n'est plus question pour Robert de préparer sa bar-mitsva. Le rabbin l'en dispense.

Robert découvre sur les murs la bataille de graffitis : des croix de Lorraine gaullistes contre celles du Jeune Front, un mouvement collaborationniste. Il remarque aussi à la sortie du métro les vendeurs d'*Au pilori*, journal ouvertement antisémite. Les frères Badinter sont intrigués par une affiche annonçant une exposition – un homme aux doigts crochus et aux yeux globuleux enserrant de ses griffes un globe terrestre –, placardée sur les murs de Paris et accrochée sur la façade du palais Berlitz. Son nom ? *Le Juif et la France*. Cette exposition, boulevard des Italiens à Paris, est présentée comme une « entreprise pédagogique » pour

« aider les Français à reconnaître les Juifs par leurs caractéristiques physiques » et démontrer l'« emprise corruptrice générale » que ces derniers exerceraient sur le pays. Pourquoi ne pas la voir, s'interrogent Claude et Robert, d'autant plus que des classes entières s'y rendent avec leurs professeurs ? Leur mère, évidemment, le leur interdit, mais ils y vont en cachette. Nez crochus, cheveux sales, doigts griffus, bouches lippues, les Juifs, par leur avidité, menacent la France... Ils en rient tant ils trouvent l'exposition ridicule.

Le passage de la ligne de démarcation devient difficile. Les contrôles se multiplient, les passeurs demandent de plus en plus cher, les dénonciations fleurissent. Naftoul, le frère de Charlotte, la presse de quitter Paris avec ses deux fils. Lui-même se sent en danger car il est apatride et parle le français avec un fort accent yiddish. Charlotte d'abord refuse, pas question d'abandonner sa mère à l'article de la mort. Mais, en réalité, elle n'a plus le choix. Trop dangereux pour elle et les garçons de rester à Paris.

La date de départ est fixée début décembre 1941, le passeur contacté, l'argent glissé dans une enveloppe, le « départ furtif », selon l'appellation de la police, peut avoir lieu. Charlotte a jeté dans une valise quelques chemises et lainages, le minimum. À la descente du train, près de Tours, le long de la ligne de démarcation, le passeur les conduit à travers champs et bois dans une nuit glaciale. « Je vous laisse là, dit-il, après avoir empoché son argent, vous continuez tout droit. C'est à trois kilomètres. » Transis de froid, les trois fugitifs poursuivent seuls un chemin plus long qu'annoncé. Robert est épuisé.

Il est 4 h 30 du matin. Dans une petite gare, de la lumière. Charlotte frappe à la porte du bureau du chef de gare pour lui demander si elle peut faire entrer ses deux enfants, pour qu'ils se réchauffent près du poêle. Il refuse : « Les petits youpins, ils n'ont qu'à crever ! » Tels sont les mots de bienvenue que Robert et son frère entendent à leur arrivée en zone dite libre.

À leur grand soulagement, ils parviennent sans encombre jusqu'à Lyon, sains et saufs, heureux d'être à nouveau ensemble. Sans perdre un instant, les parents de Claude et de Robert se soucient de leurs études. À leurs yeux, cela reste la seule véritable urgence.

Les effectifs du lycée Ampère sont en constante augmentation. Personne ne s'en étonne en raison du flot de réfugiés en provenance de la zone occupée. Certains sont en règle, la plupart non. Peu importe, l'administration accepte d'inscrire la quasi-totalité des nouveaux élèves.

À Lyon, Robert est heureux. Il a retrouvé son père. L'installation des Badinter est certes précaire, ils sont à l'étroit dans ce petit appartement, 10 quai du Maréchal-Joffre, mal chauffés surtout. Ils ont pour voisin de palier l'idéologue royaliste et antisémite Charles

Maurras. Robert aperçoit parfois son bureau envahi par les livres et les journaux…

Aucune distraction, aucune sortie, les sujets de conversation tournent autour du ravitaillement et de rares nouvelles en provenance de Paris. Simon sait-il seulement que les troupes allemandes sont entrées en Bessarabie ? Les habitants ne s'y sentent même pas « occupés », puisqu'ils s'estiment « libérés » de l'occupation soviétique. Les Juifs de Bessarabie, eux, sont condamnés à mort, exécutés. Rapidement, la région est *judenrein*. Aucun des Badinter restés à Kichinev n'aura survécu.

Malgré de très forts sentiments antiallemands, Lyon est une ville pétainiste. Le 18 novembre 1940, le maréchal y avait été accueilli avec faste et honneur. Une foule compacte l'applaudissait quand il était apparu sur le balcon de l'hôtel de ville. Sur son passage, de jeunes scouts avaient agité leurs bérets en signe de liesse. Au lycée Ampère, pas moyen d'échapper pour les Badinter au lever des couleurs en chantant *Maréchal, nous voilà !*, même si les plus rebelles agrémentent les paroles de quelques grossièretés. L'obsession des lycéens ? Se nourrir, se chauffer. La chapelle du lycée est transformée en centre de ravitaillement comme le parc de la Tête-d'Or devenu un jardin potager géant tant la faim tenaille les Lyonnais. Élève studieux, Robert travaille d'arrache-pied. Il tient à offrir ce bonheur à ses parents, la seule manière peut-être de leur tirer un sourire. Claude, lui aussi inscrit au lycée Ampère, lui aussi brillant, décroche la première place en philosophie. Le 17 avril 1942, Idiss s'éteint à Paris. Pour Robert, la disparition de sa grand-mère est un choc supplémentaire.

Simon, désœuvré, appauvri, se démène pour que son comptable, resté à Paris, lui envoie quelques mandats avec l'autorisation de l'administrateur. Il a une idée fixe : partir au plus vite en Suisse. À l'été 1942, il embarque sa famille pour un séjour en Savoie avec l'espoir de trouver une filière vers la Suisse, cette terre promise. Les voilà tous les quatre dans une auberge à Thonon, sur les rives du lac Léman. Les deux garçons font de longues balades à vélo tandis que leurs parents interrogent discrètement le propriétaire de l'hôtel qui les met en garde : les Suisses, désormais, refoulent les réfugiés juifs.

Retour à Lyon dans ce logement lugubre. Le courrier apporte des nouvelles sinistres de la zone occupée, l'arrestation d'amis et de connaissances, leur internement à Drancy ou dans les camps du Loiret, la misère pour la plupart, le port de l'étoile jaune – et, le pire : la rafle du Vel' d'hiv'. Le 16 juillet 1942, 13 000 Juifs dont 4 000 enfants ont été enfermés au Vélodrome d'Hiver sans eau ni nourriture. Personne n'avait imaginé avant ce jeudi noir que les femmes, les enfants et les vieillards seraient aussi visés. Naftoul, 58 ans, le frère de Charlotte, est arrêté à son domicile, rue de Sévigné, dans le Marais. Sa souche d'entrée au camp de Drancy, gare de triage des Juifs avant leur départ pour Auschwitz-Birkenau, précise la date, 21 juin 1942, sa profession, marchand ambulant et indique que moins d'un mois plus tard, il fait partie du convoi du 29 juillet 1942 vers Auschwitz. Il n'en reviendra pas.

Un mois après la rafle, Vichy n'a pas besoin de pressions allemandes pour prendre des mesures contre les Juifs étrangers en zone dite libre. Le responsable de la police allemande, Oberg, met au point avec René Bousquet, chef de la police du gouvernement de Vichy, une rafle de grande ampleur, le 26 août 1942, pour livrer les Juifs étrangers au Reich. À Lyon et dans les environs, 1 018 Juifs sont arrêtés. Tout aussi inquiétant – et symbolique – est la décision de Vichy de procéder à la déchéance de nationalité pour les Juifs l'ayant obtenue à partir de 1927. Simon y échappe de justesse : son cas a été traité en 1926. Mais les Badinter comprennent que l'étau se resserre, qu'ils ne sont plus à l'abri en zone libre.

Après la mort d'Idiss et la déportation de Naftoul, le coup de grâce est donné avec l'arrestation de Shindléa, la grand-mère paternelle de Robert. Intransportable, elle n'avait pas suivi son fils à Lyon. Qui s'en prendrait à une vieille dame impotente ? Une rafle a été ordonnée à Paris par les Allemands, visant les Juifs roumains venus de Bessarabie ou de Moldavie, environ

2 500 personnes. Jusqu'au 22 juin 1941, la Roumanie est alliée avec l'Allemagne nazie dans sa guerre antisoviétique. À l'automne 1942, le gouvernement roumain sacrifie ses ressortissants juifs à l'étranger dans les zones d'occupation allemande. Les SS en profitent pour les englober dans la liste des Juifs à arrêter en France. Cette rafle est confiée à la police de Vichy.

Malgré son âge, 79 ans, et son état de santé, Shindléa Badinter, de nationalité roumaine, est arrêtée. Grabataire, elle est descendue sur un brancard. Internée à Drancy le 24 septembre 1942, le jour de Kippour, elle est déportée à Auschwitz dès le lendemain par le convoi n° 37. Après guerre, Robert apprendra qu'une voisine, qui a protesté, s'est entendu répondre par un auxiliaire de la Gestapo, un homme en gabardine : « Ça fera toujours une youpine de moins, et si ça ne vous plaît pas, c'est comme ça ! » Shindléa meurt dans le train avant l'arrivée au camp.

Le 11 novembre 1942, les Allemands pénètrent dans Lyon. Fini, la zone libre. Robert assiste une fois encore à l'entrée des troupes allemandes dans la ville où il habite. Cette fois-ci, les véhicules ne sont plus rutilants comme à Nantes. Les uniformes sont usés, les visages fermés. L'arrivée de la Wehrmacht en zone sud signifie aussi celle de la Gestapo et de la Milice pour combattre les résistants et les Juifs. Le SS Klaus Barbie, qui arrive du pays de Gex, prend la direction de la Gestapo. Il avait auparavant sévi en Hollande. Il s'installe à l'hôtel Terminus et lance aussitôt la chasse aux Juifs. Son premier coup de filet, en janvier 1943, prouve son efficacité : il en fait embarquer une centaine.

Le mardi 9 février 1943, par une journée particulièrement froide, Robert, bientôt 15 ans, prend le chemin du lycée Ampère. Lyon est sinistre. Il est seul à la maison depuis que Claude est parti à Grenoble en « éclaireur », pour tenter de s'inscrire à l'université. En raison du *numerus clausus* qui frappe les Juifs, l'entrée à la faculté de lettres de Lyon lui a été refusée. Claude a cependant écrit une lettre au doyen pour demander une dérogation. Un texte magnifique qui exprime ce sentiment atroce d'exclusion. Il retrace l'histoire de ses parents, rappelle que son père, blessé pendant la Grande Guerre, entré en France sur « autorisation spéciale de Monsieur le président Clemenceau », naturalisé depuis 1927, est diplômé de l'université de Nancy. Il ajoute que sa mère elle aussi a obtenu la nationalité française, qu'il est lui-même né à Paris, qu'il est donc français, mais « considéré d'après les lois actuelles comme israélite »... Médaille de bronze du lycée, quatre fois prix d'excellence, présenté au concours général de version latine, titulaire de la première partie du baccalauréat avec la mention bien et la seconde partie, série philosophie, avec la mention assez bien, il a « l'honneur de solliciter la haute bienveillance » du doyen de l'université de Lyon. Ce dernier ne daignera pas répondre. Encore une interdiction. Encore une injustice. Ce matin-là du 9 février 1943, Robert marche vite, le froid est mordant, les rations de nourriture diminuent, le pain est gris. La veille, il y avait eu une fausse alerte à 22 heures. Les avions anglais visaient Turin et sont passés juste au-dessus de la ville. Face aux attentats dits « terroristes », les Allemands imposent le couvre-feu à partir de 18 heures pour les bicyclettes et les autos.

Au même moment, son père se dirige vers l'Union générale des Israélites de France (UGIF), institution créée par Vichy en 1941. Il a envie de se rendre utile et il en profitera pour glaner quelques informations. Dans un petit immeuble de la rue Sainte-Catherine, au numéro 12, l'UGIF a installé son bureau. Officiellement, on y distribue des subsides aux plus nécessiteux, on donne le courrier aux réfugiés sans domicile fixe, on dispense des soins gratuits, des assistantes sociales essaient de placer les enfants dans des familles d'accueil. On y fabrique aussi des faux papiers et on organise des filières d'évasion vers la Suisse. Simon ignore que le capitaine SS Klaus Barbie a décidé de liquider ce bureau au prétexte que les Juifs qui s'y rendent s'apprêtent à franchir illégalement la frontière suisse.

Au deuxième étage de cet immeuble du centre-ville, à deux pas de la place Bellecour, une dizaine d'hommes en civil pénètrent dans les bureaux, font mettre les mains en l'air à ceux qui s'y trouvent déjà, prennent position à l'entrée de l'immeuble, dans l'escalier. La souricière est en place. La standardiste reçoit instruction de dire à ceux qui appellent de se présenter au siège. Au total, 86 Juifs sont arrêtés. Parmi eux, Simon Badinter.

En fin d'après-midi, Charlotte s'inquiète de l'absence de son mari. Au retour du lycée, Robert se précipite rue Sainte-Catherine. Arrivé en bas de l'immeuble, il ne remarque rien de suspect, monte les deux étages et tombe nez à nez avec un Allemand en civil qui lui demande ses papiers. Pris de panique, il s'enfuit, lui abandonnant même sa carte scolaire. Jamais il ne se souviendra si, oui ou non, il a aperçu son père dans l'une des pièces de l'UGIF. A-t-il seulement croisé son regard ? Aucun souvenir, rien. Rentré au plus vite chez lui dans la nuit lyonnaise, Robert est face à sa mère, désespérée. Ils attendent. Chacun tente de rassurer l'autre.

En 1983, l'avocat et historien Serge Klarsfeld découvrira à New York, au Yivo Institute for Jewish Research, un document avec la liste des 86 Juifs arrêtés ce jour-là à Lyon, 62 hommes et 24 femmes. Parmi ces personnes, âgées de 13 à 80 ans, 28 sont françaises ou déclarées françaises d'origine (14) ou par naturalisation (14). Deux d'entre elles se sont échappées, déplorent les nazis. Au cours de la perquisition, se réjouit Klaus Barbie, « une assez grande quantité d'objets de valeurs, de devises étrangères ont été confisqués » ce qui prouve que « ce comité était financé par les Juifs de France à l'aise financièrement et, surtout, par le comité juif de Genève ».

Plus de place à la maison d'arrêt de la Wehrmacht de Chalon-sur-Saône. Les Juifs pris au piège sont entassés dans deux pièces au fort Lamothe dans le VIIe arrondissement de Lyon. Transféré à Drancy le 12 février, Simon réussit à envoyer une lettre à sa femme lui enjoignant de ne pas s'inquiéter. Il annonce son départ vers l'Est, « une destination inconnue ». Probablement un camp de travail. Difficile, pas horrible, veut-il croire. Il reviendra, il en est sûr.

Charlotte et Robert savent qu'il ne faut pas rester quai du Maréchal-Joffre. Les Allemands ne tarderont pas à les arrêter. Robert part à Villard-de-Lans, une station de ski au cœur du Vercors, rejoindre son frère dans un hôtel qui accepte d'héberger des Juifs. C'est une sorte de « paradis » , car les Italiens qui occupent les Alpes-Maritimes, les Basses-Alpes, les Hautes-Alpes et la Savoie ont reçu des consignes strictes : ne pas « donner » les Juifs réclamés par la région de Vichy. Mussolini veut ainsi affirmer sa souveraineté sur des territoires qu'il revendique depuis 1938. Mais à partir de 1943, les miliciens français vont suppléer les Italiens et ils ne se priveront pas, eux, de traquer les Juifs.

Robert découvre alors la montagne, le ski, les randonnées. Au même moment, Charlotte passe illégalement la ligne de démarcation pour revenir à Paris, dans l'espoir insensé de faire libérer son mari grâce à un pot-de-vin versé à un intermédiaire, en réalité un escroc. À Lyon, elle avait déjà vendu les chemises de son mari au marché noir pour disposer d'un peu de liquidités. Dans une ville qui se partage entre Résistance et collaboration, Charlotte, esseulée, est anéantie, la voix éteinte, frappée de sidération par l'arrestation de Simon.

Dans sa dernière lettre, les instructions du chef de famillle étaient claires : quitter Lyon au plus vite pour rejoindre la Savoie où habite le frère de la bonne bretonne qui a élevé ses fils. Cognin, petit village à huit kilomètres de Chambéry, sera un refuge pour les Badinter, d'avril 1943 à août 1944, leur « îlot de salut ». « Quand votre père reviendra », répète inlassablement Charlotte à ses fils. Aucun d'eux n'ose lui demander pourquoi il ne donne pas signe de vie.

Pour les habitants de Cognin, les Badinter, qui ont de fausses cartes d'identité au nom de Berthet, sont des réfugiés en provenance de Saint-Nazaire. La mairie de cette ville proche de Nantes ayant été bombardée, il n'y a plus de registres d'état civil. C'est l'explication officielle. Le père absent est, croit-on dans le village, prisonnier de guerre. On fait mine de ne pas s'étonner qu'il n'écrive pas à sa femme. Le maire, nommé par

Vichy, ne manque jamais d'ôter son chapeau quand il croise cette dame seule qui ne reçoit ni courrier ni visite. Les deux frères, qui participent aux travaux des champs, logent un peu plus loin chez une vieille fille dans une chambre avec un grand lit orné d'un crucifix. Le matin, au petit déjeuner, elle leur sert ses délicieuses confitures. La vie normale – presque… Charlotte loue une petite maison à un retraité, M. Charret, qui, pour signer le bail, s'est gardé de demander la signature du mari, comme la loi en principe l'y oblige. Aucun de ces trois réfugiés ne se rend à la messe le dimanche matin. Personne ne bronche.

La vie à Cognin s'organise. Claude suit par correspondance les cours de la faculté de Grenoble et Robert est inscrit au lycée Vaugelas de Chambéry. Après le lycée Clemenceau de Nantes, le lycée Janson-de-Sailly de Paris, le lycée Ampère de Lyon, voici encore un nouvel établissement. Il s'y plaît. Quatre lycées en quatre ans, Robert poursuit comme si de rien n'était sa scolarité. Ni fléchissement ni retard à rattraper.

L'été 1943 est radieux avec les sorties à vélo, surtout pour le ravitaillement, les promenades, les framboises et les mûres à cueillir, ces soldats italiens, les *bersaglieri*, avec leur drôle de chapeau penché sur le côté et agrémenté de plumes de coq, qui font la cour aux jeunes filles du coin. Claude, beau garçon, collectionne les conquêtes. Sa mère l'incite à la prudence :

il suffirait d'un bavardage, d'une imprudence pour qu'il soit arrêté.

Dans la nuit du 8 au 9 septembre 1943, Robert et son frère sont réveillés en sursaut. Ils voient à nouveau passer l'armée allemande qui, après la capitulation de l'Italie, occupe désormais la Savoie. La chasse aux Juifs reprend. À Cognin, personne ne les dénonce. Au lycée, le professeur de lettres de Robert ne cache pas son appartenance à la Milice. Que pense-t-il de cet élève, brillant au demeurant, au nom ni savoyard ni breton ? A-t-il eu des doutes ? C'est possible, mais le professeur milicien n'a pas pour autant alerté le chef d'établissement.

Un jour, au retour des cours, les deux adolescents sont contrôlés sur le pont à l'entrée de Cognin, près de l'usine des couteaux Opinel. Robert sort sa vraie-fausse carte d'identité au nom de Robert Berthet, né à Saint-Nazaire. Son père avait acheté ce document. Le *Feldgendarm*, avec sa plaque rutilante, regarde sa photo et le dévisage. Il lui ordonne d'attendre : « *Moment.* » Robert est pétrifié. Le *Feldgendarm* prend son temps, appelle l'autre soldat à qui il montre à son tour la photo. Il revient, sort son portefeuille et tend à Robert une photo, celle de son fils en uniforme des Jeunesses hitlériennes qui, en effet, lui ressemble. Il le laisse repartir. Dix mètres plus loin, remonté sur son vélo, Robert se retourne. Le soldat l'observe.

Claude ne cache pas à sa mère et à son frère qu'il cherche à rejoindre la Résistance. Autour de Cognin, les Allemands circulent en permanence, multiplient les contrôles et les arrestations. La nuit, les deux frères laissent la fenêtre de leur chambre entrouverte même s'il fait froid pour pouvoir sauter dans le jardin au cas où… Les musettes sont prêtes, les chaussures de randonnée bien cirées, les papiers rangés. Ils ont repéré le chemin à emprunter en contrebas de la maison pour s'échapper. Ils apprennent la culture du secret, indispensable quand on vit sous la menace. « Ce que tu ne dis pas t'appartient. Ce que tu dis appartient à tes ennemis », le proverbe arabe devient l'une des phrases fétiches de Robert et dessine ce qui deviendra un trait essentiel de son caractère, le goût du secret.

Le 21 août 1944, les FFI libèrent Aix-les-Bains tandis que les troupes alliées se dirigent vers Grenoble. À Chambéry, la *Kommandantur*, informée des événements qui se déroulent à Aix-les-Bains, a ordonné dans la soirée l'évacuation de la ville, direction l'Italie par Challes-les-Eaux et Chignin où ont lieu des accrochages avec des groupes de combattants FFI.

22 août, à Cognin, la fuite des soldats allemands stationnés dans un poste à l'entrée du village donne le signal de la Libération. L'adolescent Badinter voit ces miliciens qui s'enfuient avec femmes et enfants. Il se souvient de son « envie de se battre ». Il se précipite à Chambéry où les FFI occupent la caserne

Joppet que les SS ont abandonnée. En une journée, on lui enseigne le maniement des armes. Mais les combats ont cessé. Sous prétexte qu'il parle bien anglais, il reçoit mission de se poster, accompagné d'un copain, sur la route de Chambéry, au-devant des troupes américaines pour les diriger jusqu'à la caserne. À l'entrée de Cognin, vêtu d'un pantalon bleu de chasseur alpin, coiffé d'un béret et le brassard FFI passé au bras, il voit apparaître deux Jeeps et des GI'S.

Robert Badinter a le privilège – qu'il jugera après coup « honteux » – d'entrer dans Chambéry à l'avant d'une Jeep de l'armée américaine. Tel un vainqueur. Le hasard veut que, ce jour-là, un photographe, Serge Coupé, se trouve près de la place des Éléphants. Il prend un cliché de cette Jeep où il y a en effet un jeune garçon. Il faudra attendre soixante-dix ans pour l'identifier ! Puis, Cognin voit passer les hommes du général de Lattre de Tassigny, avec un régiment de soldats marocains qui stationnent quelques jours. Le premier soldat allié que la mère de Robert aperçoit est un jeune officier né à Oran. Un soldat juif – ce qui la rend « folle de bonheur ». Début septembre, Charlotte et Claude repartent à Paris dans l'espoir d'obtenir des nouvelles de Simon. Robert, lui, reste encore quelques semaines à Cognin. C'est l'heure de la revanche et des règlements de compte.

L'épuration bat son plein à Chambéry où la Milice a sévi. Cette justice au coin du bois – est-ce d'ailleurs la justice ? – se déroule sous ses yeux. On punit les traîtres et les trafiquants du marché noir. Robert voit les femmes accusées de collaboration horizontale tondues, dénudées, exhibées. À l'automne, son professeur de lettres, sympathisant des royalistes de l'Action française, est lui aussi jugé pour collaboration au palais de justice de Chambéry. Avec quelques camarades, il assiste au procès. L'enseignant est condamné alors qu'il se serait contenté de faire de la propagande. C'est en tout cas ce que croit comprendre Robert. Cette condamnation lui donne « une mauvaise impression de la justice, ce professeur ne ressemble pas à une canaille ». Autre cas, celui d'une jeune remailleuse qu'il avait croisée. Son atelier est vide. Au détour d'une rue de Chambéry, il la rencontre. Elle porte un fichu. Elle a été tondue la veille pour avoir été la maîtresse d'un officier italien.

Retour à Paris. Le désenchantement. Tout est lugubre. Cette tristesse de ne rien retrouver de l'avant-guerre. Rien ni personne. « Les méchants ne sont pas punis. » Robert, l'adolescent mûri avant l'âge, se répète cette phrase en boucle. Il guette le retour des absents. En vain. Aucun enterrement, aucune cérémonie, le silence surtout. Sa grand-mère, Idiss, est morte. Manquent aussi à l'appel son oncle Naftoul, sa grand-mère paternelle, des cousins, des amis. Et, bien sûr, son père, celui à qui il n'a pas pu dire au revoir.

Les Badinter ont trouvé refuge dans un appartement à Boulogne-Billancourt puisque celui qui leur appartient est « occupé ». Quand l'occupant en question finit par les recevoir, il balbutie quelques vagues explications : « Mais on me l'a donné, je n'avais aucune raison de le refuser. » Robert est sidéré par tant d'impudence. En avril 1945, lors de l'audience du procès intenté par sa mère pour récupérer le domicile, son avocat, maître Reims, tient à rappeler que « le propriétaire, Simon Badinter, est encore dans un camp de concentration ». Robert entend alors la remarque du magistrat qui préside l'audience, indifférent et insensible : « Cette précision n'intéresse pas le tribunal. » « Un salaud », selon Robert, soudain enragé. Et que penser de la femme de ménage de la rue de Sévigné, dans le Marais, qui a dénoncé son oncle Naftoul dans une lettre adressée au commissariat du quartier ? À l'audience du procès, Charlotte l'interroge : « Madame, mon frère était gentil avec vous, n'est-ce pas ? – Oui, mais ses meubles me plaisaient. »

Le plus douloureux… L'attente. L'attente de Simon. La dernière fois que Robert a vu son père, c'était le 9 février 1943, il y a plus de deux ans. Depuis, aucune nouvelle. À la radio, dans les journaux ou dans les conversations, il est question des « absents » ou encore des « non-rentrés ». Prisonniers de guerre, travailleurs forcés, déportés sont en cours de rapatriement. On distingue encore, dans la vulgate gaullocommuniste, les déportés politiques et les déportés dits raciaux, ces 76 000 Juifs déportés de France, et dont on ne sait pas grand-chose. Moins de 3 000 d'entre eux reviendront. Au mois d'avril, les premiers rapatriés sont accueillis à la gare d'Orsay. D'autres arrivent à la gare de l'Est et sont aussitôt transférés à l'hôtel Lutetia, près du boulevard Raspail, où Robert et Claude se rendent souvent mais en cachette pour ne pas alarmer leur mère. Bloqués derrière des barrières, les deux garçons, effrayés, aperçoivent les silhouettes squelettiques et les crânes rasés. Ils veulent rester persuadés du retour de leur père. Mais, peu à peu, l'horreur des camps et de la Shoah commence à émerger. La presse publie les premiers témoignages de déportés. À partir du 10 juin 1945, au cinéma, avant le film et à l'entracte, les Actualités diffusent un reportage sur la découverte des camps de Dachau et de Buchenwald – il n'est pas question d'Auschwitz et de Sobibor –, où, dit le commentaire, « dans cet enfer que n'avait pas prévu Dante, 5 000 détenus mouraient chaque mois. 5 000 par mois, un toutes les 10 minutes. L'industrie de mort fonctionnait à plein. On mourait sous la schlague, on mourait pendu, on mourait assommé. Les fours crématoires brûlant jour et nuit ne pouvaient pas suffire au rythme de la mort ». Comment Simon aurait-il pu survivre ?

Comme la plupart des enfants de déportés, Robert croit parfois apercevoir son père dans la rue, il imagine son retour, les soins qui lui seraient prodigués quelque part dans un hôpital. Mais l'évidence finit par s'imposer : Simon ne reviendra pas. Robert est inconsolable et le restera. Orphelin de son père. À chaque instant, en toutes circonstances.

Il reprend le chemin des études, cette fois-ci au lycée Carnot, pour préparer la deuxième partie du baccalauréat. Avant de pouvoir récupérer l'appartement de la rue Raynouard, sa mère a loué un appartement à Montmartre. Son frère, Claude, après une licence en droit et un séjour à New York, a repris un temps l'activité de fourrure. Puis il a ouvert, rue Ranelagh dans le XVIe arrondissement, une boutique de disques vite réputée, Intermezzo.

« Je venais d'avoir 17 ans à la fin de la guerre, j'étais un adulte », constate Robert. Bachelier, il s'inscrit à la faculté de lettres et de droit grâce à une bourse d'études. Beau, long et mince, dandy, il aime cette vie d'étudiant dans le Quartier latin de l'après-guerre, ce foisonnement à la fois culturel et politique. Il court les salles de théâtre à l'affût de nouvelles pièces de Camus, de Sartre, de Montherlant ou d'Anouilh, plus que les boîtes de nuit de Saint-Germain-des-Prés. « Ce qu'il aime, c'est le piano et la marche », se souvient son amie Jacqueline Baur. Mais les études restent plus importantes que tout. Il suit les cours avec assiduité et passe des heures à la bibliothèque de la Sorbonne.

Au sortir de la guerre, la plupart des étudiants à la Sorbonne et en particulier les enfants de Juifs venus d'Europe de l'Est se rapprochent du Parti communiste. Robert se laisse à son tour entraîner à une réunion de cellule. Il y est question d'un couple qui souhaite divorcer, ce que le secrétaire de section trouve scandaleux, « un vice de la bourgeoisie » selon le puritanisme qui sévit sous l'influence de Jeannette Vermeersch, l'épouse du secrétaire général du PCF, Maurice Thorez. Cela suffit à le vacciner contre l'idéologie communiste. En revanche, l'existentialisme de Sartre l'attire. L'épreuve de la guerre et de la dévastation des camps le pousse à s'interroger sur le destin de l'homme dans un monde à refonder. Quant à l'injustice intime, celle qui l'a privé de son père, ce sera un combat singulier et personnel. Ce n'est pas l'esprit de revanche qui l'anime, c'est l'idée de justice. Sa vie, Robert Badinter en est convaincu, s'est jouée à Lyon au moment de l'arrestation de Simon. Il attendra 2006, et le tournage d'un documentaire, pour retourner rue Sainte-Catherine, ce lieu chargé de souvenirs douloureux. Il monte à nouveau l'escalier, comme le 9 février 1943, et il avoue avoir fui cette rue, cet immeuble, chaque fois qu'il est revenu à Lyon. Comme dans une reconstitution, il montre le palier où il s'est arrêté et d'où il croit avoir aperçu son père dans l'angle gauche de la pièce dont la porte était entrouverte. Pourquoi s'est-il enfui de cet endroit ?

Peur ? Instinct de survie ? Cette poignée de secondes où sa vie a basculé le hante. « Je préfère ne pas parler de cette nuit-là », dit-il.

En 2015, soixante-douze ans après, lors de la cérémonie de commémoration de la rafle lyonnaise, il explique pourquoi il ne s'est jamais résolu jusque-là à prendre la parole en public : « Les enfants de déportés disparus dans la nuit des camps d'extermination sont comme amputés des êtres chéris. La vie cicatrise la blessure. Mais, par moments, la douleur revient, indicible, là où il n'y a que le vide. Je craignais l'émotion et préférais faire œuvre parmi vous de piété filiale et de fidélité à la mémoire. »

De la même manière, il a attendu, pour revenir à Cognin, la tenue en 1994 du procès de Paul Touvier, l'un des chefs de la Milice qui servira d'auxiliaire à la Gestapo dans la région de Chambéry avant de sévir à Lyon : « En se taisant, en nous accueillant, les Cogneraudss nous ont sauvé la vie. Je ne voulais pas que ces enfants pensent que leur région avait été un nid de collaborateurs. Je suis venu le dire moi-même, et j'ai offert à l'école une Déclaration des droits de l'homme et du citoyen que j'avais achetée chez un antiquaire du Palais-Royal. C'était une manière de remercier Cognin et de signifier ma reconnaissance aux grands-parents de ces enfants. Il est essentiel pour des enfants de savoir que leurs parents et leurs grands-parents étaient des gens bien. » Honorer la mémoire est un impératif auquel jamais il ne se soustraira, suivant en cela la pensée du philosophe Vladimir Jankélévitch : « Les morts dépendent entièrement de notre fidélité. »

La mémoire joue parfois des tours. On oublie. Il oublie. Un jour, le maire de Chambéry lui a rappelé que l'élève du lycée Vaugelas qu'il était avait visité avec sa classe la maison des Charmettes, où vécut Jean-Jacques Rousseau. Il avait rédigé un quatrain pour le livre d'or. Très imprudent, dira-t-il dans cette même interview du *Point*, de la part de quelqu'un qui n'aurait pas dû se faire remarquer. « Mais c'est typique de l'adolescence de l'époque, cette passion versificatrice. »

CHAPITRE III

Le père Torrès

Robert Badinter est l'inverse d'un dilettante. L'esprit aiguisé, avide de connaissances, travailleur, à l'affût des idées nouvelles, il se passionne pour la sociologie qu'enseigne Georges Gurvitch à la Sorbonne au sein du Centre d'études sociologiques. Juif russe, immigré aux États-Unis en 1940, Gurvitch est un pionnier dans son domaine. Voilà qui ne peut que plaire au jeune Badinter.

À 19 ans, sous l'égide de son « maître », il montre son goût pour la réflexion en participant à la création de la revue *Échanges sociologiques*, où il publie deux articles, l'un sur la sociométrie américaine et l'autre intitulé « Dynamisme et réalité sociale ». Président du Cercle de sociologie de la Sorbonne qu'il a fondé, il met aussi sur pied un cycle de conférences au premier semestre 1948. Il obtient alors une bourse pour étudier aux États-Unis. Le ministère des Affaires étrangères lui verse 600 dollars pour payer les droits d'inscription à la prestigieuse université de Columbia. Le loyer de sa chambre à l'International House, une cité universitaire, est calculé en fonction de l'étage, le deuxième pour lui, et Robert peut compter sur l'aide d'un cousin de sa mère, Georges Simon, grossiste en pelleterie, qui avait accueilli Claude l'année précédente pour le former au métier. Son frère était rentré ébloui de New York et l'avait encouragé à partir à son tour.

New York, le choc. Alors qu'il a quitté le Paris de l'après-guerre où sévit encore le rationnement, une ville en noir et blanc, Robert marche, impressionné, dans des rues en Kodachrome, où roulent de somptueuses voitures, avec des restaurants bondés et ces *Delicatessen* qui lui rappellent la cuisine de sa grand-mère. Pour un fils d'immigré, l'Amérique brille avec plus d'éclat que tout autre pays.

Il se retrouve rapidement à la tête de l'Association des étudiants français de Columbia, ce qui lui vaut une invitation à dîner avec Dwight Eisenhower, alors chef d'état-major général des forces armées des États-Unis. Le 30 septembre 1948, sous le titre « French honor for Eisenhower », le *New York Times* mentionne son nom et son discours de remerciement à la nation américaine pour avoir libéré la France. Il faut déjà retenir cette appétence pour la prise de parole en public. Dès l'âge de 20 ans, il n'hésite pas à prononcer un discours devant une assemblée. Il donne aussi des conférences rémunérées aux dames du Women's Club du New Jersey, accentuant son accent français à la manière de l'acteur franco-américain Charles Boyer, « The French Lover ». Succès garanti.

Autre moment fort vécu à New York, ce 14 mai 1948 où David Ben Gourion proclame l'indépendance de l'État d'Israël. Explosion de joie dans les rues à laquelle Robert participe. Cinq ans plus tard, curieux de découvrir le nouvel État, il se rendra en Israël et visitera un kibboutz. Il sait alors irrémédiablement, après ces deux expériences, qu'il est un Juif français, un Français juif, qu'importe l'ordre, qui ne peut vivre ni à New York ni à Tel Aviv. Mais, de ce 14 mai 1948 date son attachement à Israël.

À New York, l'étudiant Badinter a été surnommé « Mister joie de vivre » ! Il s'est éloigné du cauchemar de l'Occupation, goûte aux plaisirs de la vie, une « parenthèse exquise », se souvient-il.

Juin 1949. Il soutient son mémoire de sociologie sur la question du « leadership et les méthodes pour établir qui en a les capacités et comment les développer ». D'aucuns y verront un signe. Le voilà fier de son diplôme de « Master of Arts » de la Columbia University. De retour à Paris, il lui faut choisir sa voie. La sociologie ? À quoi cela le mènerait-il ? Il opte pour le droit. Sa vocation – il en est vite convaincu –, ce sera d'enseigner le droit.

Travailleur acharné, il obtient deux diplômes, l'un en économie politique, l'autre en droit civil. Mais il est trop jeune pour enseigner. Pour se présenter à l'agrégation, il faut être âgé de 25 ans. Premier obstacle. Il doit aussi gagner de l'argent car il n'a pas les moyens de vivre des seuls cours qu'il donne. « Je suis entré au Palais de justice par hasard, et non par vocation. J'ignorais tout du système judiciaire, et je voulais être professeur de droit. En attendant, il fallait vivre, assurer mon indépendance. » Avocat, donc. Avant de prêter serment, il doit rendre visite à un membre du Conseil de l'ordre, un avocat « plein d'importance » qui le reçoit dans un magnifique cabinet où il patiente dans un salon meublé Louis XVI, au parquet couvert de tapis d'Orient :

« Vous êtes allé aux États-Unis. C'est bien. C'est l'avenir. Ah, votre père est mort pour la France ? Très bien. Il était d'origine russe ? Votre père était commerçant ? Votre famille doit avoir des relations ?

– Non, lui répond le jeune avocat.

– Ah, vous avez sans doute des relations au barreau ?

– Aucune.

– Vous avez un patron en vue ?

– Non, lui répond encore le jeune confrère.

– Vous avez hérité ? Une fortune personnelle ?

– Absolument aucune.

– Dans ce cas, jeune homme, pourquoi voulez-vous devenir avocat ? »

Fin de l'entretien. Le vieil avocat le raccompagne à la porte et lui souhaite bonne chance.

En novembre 1950, Robert Badinter prête serment : « Je portais la cravate blanche de rigueur sur la robe. Le bâtonnier écorcha mon nom en le lisant. Je fis mine d'en rire, mais je fus blessé à vif. Je me sentais ridicule dans cette robe trop grande, louée pour la circonstance. Ridicule et seul. Je quittai le Palais aussi vite que possible et courus retrouver la bibliothèque de la faculté. » Ce bâtonnier qui bute sur son nom, pour mieux souligner l'origine étrangère de ce jeune avocat, le renvoie à son statut, « fils d'immigré ». Il sait, et d'ailleurs il ne le souhaite pas, qu'il ne se débarrassera jamais de ses origines, une marque qu'il gardera quoi qu'il arrive. L'endroit d'où viennent ses parents lui collera à la peau.

Ses débuts sont modestes. Il entre d'abord comme stagiaire chez un avoué, maître Charles Bricout, où il apprend à écrire des conclusions. Dans une immense pièce glaciale où les clercs sont assis autour d'une grande table, Robert Badinter, arrivé sur sa mobylette, se met à la tâche. Rien d'excitant. On lui confie la rédaction des fausses lettres de rupture ou d'insultes pour les dossiers de divorce alors que les époux souhaitent se séparer d'un commun accord. Mais à cette époque, seul existe le divorce pour faute, d'où la nécessité de fournir les preuves (même fabriquées de toutes pièces) de l'adultère ou de l'abandon du domicile conjugal.

Il rencontre à la buvette du Palais Jean-Baptiste Biaggi, un avocat d'origine corse, pénaliste, militant de l'Action française et médaillé de la Résistance, avec qui il sympathise. Quelque temps plus tard, Biaggi lui signale qu'un prestigieux avocat, Henry Torrès, cherche un collaborateur. Rue Dumont-d'Urville, près de la place des États-Unis, le ténor du barreau Torrès, connu pour sa « voix de bronze » aux accents sonores, le reçoit. Nullement impressionné par ce monument, Badinter lui fait part de son désir de se consacrer au droit international, fort de son année à Columbia University, tout en se disant prêt à prendre des affaires aux assises. Rien que ça… Torrès, fumant comme à l'accoutumée un gros cigare, jauge ce jeune avocat qui, de son propre aveu, aura un mot « extravagant ». Sur le pas de la porte, après avoir remercié Henry Torrès de l'avoir reçu, il lui promet de donner sa réponse dès le lendemain : « Non, c'est moi qui vous la donnerai », lui rétorque l'avocat, bluffé par tant d'insolence.

Robert Badinter est engagé. Il a trouvé un patron, un maître, un deuxième père, un modèle. De l'avis unanime, Torrès a des éclairs de génie. Il plaide d'instinct, le dossier n'étant pour lui qu'une trame sur laquelle il improvise des envolées tonitruantes, véhémentes ou douces. Issu d'une famille juive du Sud-Ouest, un père préfet, il avait refusé de devenir officier durant la Première Guerre. Torrès se définissait lui-même comme un « anarchiste ». Il s'était installé d'abord à Montmartre, au rez-de-chaussée d'un bordel, avant de s'exiler aux États-Unis en 1940. Il pleure la mort de son fils, à 20 ans, engagé dans la 2e DB en octobre 1944, ce qui n'est certainement pas étranger à son « coup de foudre » pour Robert Badinter. Qu'il le prenne sous son aile se comprend, et réciproquement. Robert éprouve un respect filial pour ce colosse qui a traversé la première moitié du XXe siècle, un type d'une immense culture, qui vit comme un seigneur, il a désormais élu domicile à l'hôtel Royal Monceau, à proximité de son cabinet. Le soir, Torrès entraîne son nouveau collaborateur chez Maxim's, célèbre restaurant, où il tient table ouverte, dans un bistrot de Pigalle aussi où il lui présente quelques truands. Torrès ne mange pas, il dévore, boit, mène une vie de plaisirs, courtise les femmes et se ruine sur les champs de courses au point de plaider à la une du quotidien l'*Intransigeant* la cause des jockeys, « des princes qu'il faudrait anoblir ». « C'étaient des nuits exquises », avoue Robert Badinter avec une nostalgie non feinte. Le « Badinter » que l'on connaît, l'homme austère, ne l'a donc pas toujours été.

Torrès, personnage rabelaisien, avocat redouté, transmet à son jeune collaborateur sa conception du métier, celle d'un humaniste intransigeant : « Tu défends un homme qui a tué ou volé, parce que c'est un homme d'abord. » L'Occupation et le nazisme n'avaient fait que renforcer sa conviction. Vichy l'avait déchu de la nationalité française tandis que le barreau de Paris l'avait radié parce que juif. Après son séjour aux États-Unis, il avait rallié la France libre. Avec beaucoup d'humour et de lucidité, Torrès marmonnait, avec sa belle voix basse, « faux cul » quand il entendait l'un de ses confrères se vanter d'avoir eu une conduite héroïque durant l'Occupation.

Il était aussi l'avocat des « justes causes ». En 1927, il obtint l'acquittement du petit horloger juif, Petlioura, qui avait assassiné à Paris le bourreau des siens en Ukraine lors d'un pogrom. Il défendit aussi bien Germaine Berton, jugée pour le meurtre d'un membre de l'Action française, ou le jeune Herschel Grynszpan, accusé d'avoir tué un diplomate allemand en 1938. Chaque fois, il enflamma la presse. Comment Robert Badinter ne serait-il pas fasciné ? Mais en l'observant au plus près, il comprend à quel point il est loin de ressembler à cette bête d'audience, d'abord parce qu'ils n'ont pas le même physique. « Tu es un maigre. Tu sentiras les choses avec tes nerfs », lui dit Torrès. C'est d'autant plus juste que Badinter donnera toujours l'impression de contrôler ses émotions au risque de sembler froid et distant, voire fermé. Anxieux, d'un tempérament angoissé, il s'efforce de ne rien laisser paraître. Pas d'étalage des sentiments. Surtout pas. Il s'en tient à la règle édictée par le père Torrès : « Plaider, c'est faire en sorte que celui qui vous écoute ne soit pas étranger à ce que vous dites. » Et qu'importe le style. Invité sur le plateau d'*Apostrophes*, l'émission de Bernard Pivot, Robert Badinter prêtera une autre formule à son patron : « Plaider, c'est bander, convaincre, c'est jouir. » Il est sans doute le véritable auteur de la formule.

Reste la question de l'argent et des honoraires. Badinter s'est-il inspiré sur ce plan des principes et du comportement de son très dépensier cornaque ? Pas vraiment. S'il a bien remarqué que Torrès gagne (beaucoup) d'argent, il se rend compte qu'il en dépense tout autant. Un claqueur ! Ce n'est pas le genre de Badinter. Mais Torrès a une idée bien arrêtée quant à la relation qu'un avocat doit entretenir avec l'argent. Il conserve à portée de main *Le Traité de déontologie* du bâtonnier Ernest Cresson et ce, depuis qu'il a prêté serment. Le bâtonnier expliquait, en 1888, que le savoir et l'éloquence de l'avocat ne sont pas une marchandise. L'avocat ne peut ni réclamer ni solliciter d'honoraire, il ne discute pas d'argent avec son client. Il prend ce qu'on lui donne et cette façon de faire plaît à Torrès. Changement d'époque dans les années 1950 puisque les honoraires sont devenus une obligation mais, pour sauvegarder les apparences, une lettre adressée au client fixe une provision, suivie de toute une série d'autres si nécessaire. Ces honoraires, souvent versés en espèces, sont, selon Torrès, une manière, dirons-nous, agréable de remercier son défenseur. Mais pas question pour autant de renoncer aux « bonnes manières » de la profession – probité et loyauté sont indispensables, rappelle Torrès à son collaborateur. Brandissant l'ouvrage du bâtonnier, il met régulièrement Badinter en garde : « Rappelez-vous : du Cresson, pas d'oseille. » Mais Robert Badinter a un rapport à l'argent moins « détendu » que celui de Torrès.

Toujours est-il que le jeune avocat travaille, et beaucoup. Son patron, préférant sortir plutôt que de recevoir des clients ou rédiger des conclusions, lui confie de nombreuses affaires, histoire de le « mettre dans le bain », dit-il. Ou bien il le laisse plaider en lever de rideau pour débroussailler le terrain. Assis sur le banc de la défense, Badinter ne perd pas une miette du spectacle donné par Torrès. Il observe pour comprendre ce qui rend éloquent.

Bénéficiant de la confiance et des conseils du maître, il plaide parfois devant des jurys d'assises et des juridictions civiles des dossiers importants alors que les stagiaires, à l'accoutumée, se contentent de préparer les dossiers de leurs patrons. Mais Torrès s'est pris de passion pour celui-là. Il lui enseigne la règle d'or de ce métier, le courage. Ne jamais céder un pouce de terrain. À la barre, il faut donner des coups, ne pas laisser paraître ses faiblesses ou, pire encore, ses doutes. Les effets de manche et les formules bien senties ne suffisent pas, insiste le vieux ténor. La faculté d'expression, le talent, la compétence, le savoir sont autant d'armes efficaces si on les manie avec le tempérament qu'exige la défense. La leçon est apprise. Tout au long de sa carrière, Badinter donnera toujours la même définition, retenue de ses débuts auprès de Torrès : défendre, c'est se refuser à accepter ce qu'autrui veut vous imposer ; être avocat, ce n'est pas défendre un innocent, c'est montrer que sa culpabilité n'est pas établie. Voilà le point cardinal.

Petit à petit, Badinter trouve son style. Il se fait vite remarquer au barreau de Paris. Maigre, presque émacié, regard aiguisé, mains fines, sourcils fournis, front haut, sur le qui-vive, une sorte de jeune premier prêt à toutes les conquêtes. Ce métier, qu'il a choisi par défaut, lui va bien.

Il prétend avoir eu de la chance : son coup de foudre pour Torrès. C'est incomplet, insuffisant. Il possède cette intelligence si particulière du droit, ce sang-froid qui rassure les clients alors même qu'il n'a encore aucune expérience. L'avocat Badinter ? Un travailleur méticuleux et perfectionniste. Son premier dossier ? La défense d'une femme de ménage. Elle lui verse dix francs d'honoraires. Mais une amorce de renommée vient vite, plus vite que pour la plupart de ses pairs.

Deux ans après avoir prêté serment, son nom apparaît pour la première fois dans la presse, rubrique « Fait divers ». Dans *Ce soir*, daté du 27 juin 1952, on signale l'arrestation de Daniel Léger, confiseur devenu escroc, accusé d'avoir enlevé la caissière d'un théâtre parisien et obtenu d'une autre jeune fille la somme de 700 000 francs. Son avocat ? Robert Badinter. Une semaine plus tôt, ce jeune avocat, lit-on dans *La Bourgogne républicaine*, défendait un souffleur de verre qui, près de la gare de l'Est, a volé des bicyclettes. Pour sa défense, il a prétendu souffrir d'une véritable « obsession vélocyclopédique ». Est-ce son avocat qui lui a soufflé cette explication poétique ?

Ses véritables débuts lui valent une mention dans *Le Monde*, sous la plume du très suivi chroniqueur judiciaire Jean-Marc Théolleyre, ancien résistant et rescapé de Buchenwald – pour le procès d'un repris de justice, Paul Dellapina, condamné à dix reprises pour vols. La cour d'assises des Bouches-du-Rhône lui avait même infligé en 1949 une peine de mort par contumace pour viol, vol et tentative de meurtre. « L'ennemi public numéro 1 des beaux quartiers » attire la foule à l'audience, venue se délecter de ses amusantes reparties prononcées avec un fort accent corse. L'avocat général Raymond Lindon reste, lui, impassible. Il intimide le jeune avocat Badinter. Lindon a en effet requis dans les grands procès de l'Épuration. Toujours est-il que Théolleyre salue l'efficacité de Badinter. Grâce à ses avocats, le « Arsène Lupin de l'après-guerre » échappe à la peine de mort et écope de vingt ans de travaux forcés.

En décembre 1955, Jean-Marc Théolleyre revient sur son cas dans *Le Monde*. Le journaliste relate l'acquittement d'un certain Albert Tribout, accusé d'avoir tué un cafetier. Le procureur avait réclamé la réclusion perpétuelle. Théolleyre tient à signaler la plaidoirie de la partie civile, celle de Robert Badinter, qui « dans une très belle langue – ce qui est rare aux assises – sut remplir son rôle sans excès en s'offrant même l'élégance d'un mot de pitié pour l'accusé ». Il n'y a pas de plus beau compliment.

Plus marquante encore, sa participation au procès de Georges Guingouin, instituteur communiste engagé très tôt dans la Résistance, chef et héros des FFI de la Haute-Vienne, sali par certains de ses compagnons, accusé d'affaires de droit commun liées aux vengeances et règlements de compte consécutifs à la Libération. Guingouin entend sauver son honneur. Un Comité de défense réunit le résistant Claude Bourdet, les écrivains François Mauriac et Jean Cassou, le philosophe Jean-Marie Domenach, les sénateurs gaullistes Léo Hamon et Jacques Debû-Bridel, et bien d'autres encore. Sollicité au printemps 1954, Henry Torrès y délègue son jeune collaborateur qui va plaider aux côtés d'un de ses confrères, Roland Dumas, guère plus vieux et qui a lui aussi perdu son père, fusillé en mars 1944 par les

Allemands à Brantôme en Dordogne. Guingouin finit par obtenir un non-lieu en 1959. Robert Badinter s'est lié à Roland Dumas, qu'il retrouvera lors du procès des « porteurs de valises », ces militants français qui se battent en faveur de l'indépendance de l'Algérie. Dans un genre (très) différent, ils plaideront de concert en faveur du couturier Christian Dior contre l'ex-roi Farouk d'Égypte qui refuse de régler ses factures.

En 1955, Torrès choisit d'abandonner le barreau pour se consacrer à la politique. Il a été réélu sénateur de la Seine sous l'étiquette gaulliste du RPF. Badinter se retrouve alors en difficulté. Si Torrès lui a cédé de nombreuses affaires, en particulier aux assises, aucun de ses clients « sérieux » n'a l'intention de faire confiance à un avocat de 28 ans, si brillant soit-il ! Il est donc contraint de retourner dans l'appartement familial de la rue Raynouard où, dans une des pièces, il installe son bureau. C'est alors qu'il croise le chemin du cinéaste Jules Dassin, un fils de Juifs russes immigrés aux États-Unis. Victime de la chasse aux sorcières au temps du maccarthysme tout-puissant, Dassin a été contraint de s'exiler à Paris. Il y tourne *Du rififi chez les hommes* (1955). De vingt ans son cadet, Badinter écoute avec passion le cinéaste lui raconter ses souvenirs du Yiddishland. Dassin voudrait récupérer les droits d'adaptation d'un roman de Giovanni Verga, *Mastro-don Gesualdo*, dont l'action se situe en Sicile. Le producteur ne répond pas. Une affaire assez embrouillée que Badinter finit par perdre. Dassin ne le lui reproche pas et, d'ailleurs, ne le paye pas. Il n'a pas un rond. Badinter raconte avec drôlerie cette rencontre : « Jules était un très mauvais client parce que les clients, d'habitude, poussent l'avocat. Ils veulent la peau de leur adversaire, son scalp. Jules, c'était le contraire. Il plaignait le producteur mauvais payeur, qui devait entretenir quatre maîtresses et deux yachts, lequel avait donc beaucoup de frais. Et il m'interrogeait : "Tu crois vraiment qu'il faut le poursuivre ?" »...

Grâce à cette rencontre, Badinter met le pied dans l'univers du septième art et, bientôt, se spécialise dans le droit cinématographique. En plaidant l'affaire Dassin, il avait fait la connaissance d'Ercole Graziadei, un très célèbre avocat italien qui avait pour client, entre autres, Ingrid Bergman, Maria Callas, Vittorio De Sica, Roberto Rossellini ou Anna Magnani. Il demande à Badinter de s'intéresser à un dossier concernant... Charlie Chaplin ! Il va gagner ce procès au sujet de l'exploitation du film *The Kid* aux États-Unis.

Les dossiers affluent, l'un contre Dalida qui refuse de céder 20 % de ses gains à son impresario, l'autre pour Brigitte Bardot qui ne veut pas régler les réparations de sa Rolls, les estimant trop élevées... S'ajoute la défense des intérêts des compagnies de production comme United Artists ou d'un des magnats d'Hollywood, Sam Spiegel, Juif autrichien exilé, à qui l'on doit entre autres Lawrence d'Arabie.

Badinter devient aussi l'avocat de plusieurs journaux. C'est une partie de l'héritage de Torrès, ami de longue date de Pierre Lazareff, patron de *France-Soir*, un journal au faîte de sa puissance. Au cours d'un dîner mondain, à la table du préfet de Paris, André Dubois, il « tape dans l'œil » de la journaliste Françoise Giroud, qui vient de fonder *L'Express* avec Jean-Jacques Servan-Schreiber. Il n'a pourtant pas dit un mot de la soirée. Le préfet l'a présenté comme un « avocat juif très doué »... Qu'importe la formule plutôt malheureuse, Badinter devient l'avocat du nouveau magazine.

Françoise Giroud, qui a appris son histoire et son drame familial, le dépêche, le 11 avril 1961, pour assister à la première audience du procès d'Adolf Eichmann, l'organisateur en chef de la Shoah. L'avocat se fait alors historien-témoin. Il écrit : « L'horreur des camps d'extermination, ces enfants consumés avec ces vieillards, un peuple entier marchant dans le martyre vers la mort, que l'antisémite ait enfin le courage de regarder en face la vision de l'homme que son choix implique. Devant ces vies évanouies dans la forêt polonaise, que l'antisémite ne dise pas "je n'ai pas voulu cela". Car cela, c'est-à-dire l'abjection de la souffrance, la mort des innocents, l'antisémite l'a accepté d'abord, dès qu'il dénie au Juif la simple qualité d'être, comme lui-même, un homme. »

CHAPITRE IV

Dolce vita

Les années 1950 sont fastes pour le jeune avocat Badinter, traits aigus, allure soignée. D'abord parce qu'il tombe amoureux. Et pas de n'importe qui. D'une comédienne, Anne Vernon, qui monte chaque année les marches du Festival de Cannes, tourne pour les meilleurs réalisateurs de l'époque, Jacques Becker ou Henri Decoin, fait la une des magazines. Taille fine, yeux en amande, une actrice facétieuse. Sa légèreté lui autorise beaucoup. Au fil de ses rôles, elle impose la figure de la femme qui tient tête. On imite son look, sa coiffure, son allure, un modèle pour les femmes à en croire le magazine de télévision *Féminin*, qui la filme faisant de la gymnastique dans son jardin, « une si jolie silhouette », ajoute le commentaire. Hollywood s'intéresse à cette actrice qui ressemble à la grande Danielle Darrieux, pleine d'insouciance et de frivolité.

Tout commence au Berkeley, quasi désert en ce dimanche de Pâques 1956, un restaurant proche du rond-point des Champs-Élysées, rendez-vous du Tout-Paris du cinéma et de la presse. Robert Badinter, alors âgé de 28 ans, a rendez-vous avec les frères Mille, deux esthètes, l'un, Gérard, décorateur et l'autre, Hervé, directeur général de *Paris-Match*, un vieil ami d'Henry Torrès. Badinter aperçoit, assise quelques tables plus loin, cette très jolie femme bavardant avec une amie. À la sortie, Badinter leur propose de boire une… tisane. L'actrice accepte.

« Quel est votre signe astral ? lui demande-t-elle.

– Je ne sais pas trop, réplique-t-il, je crois que je suis né sous le signe du bison. »

La comédienne tombe vite sous le charme de cet homme plus jeune qu'elle de quatre ans, « un chevalier », se dit-elle. Le voilà baptisé le Bison. C'est le début d'une histoire d'amour. Objectivement, ils ne partagent pas grand-chose. Tout, ou presque, les sépare. Née dans une banlieue rouge, à Saint-Denis, Édith Antoinette Alexandrine Vignaud de son vrai nom, fille d'un ouvrier et d'une mère couturière, abandonne vite ses études. Douée pour le dessin, elle s'inscrit dans une école d'arts appliqués, l'école Duperré à Paris dans le Marais, qui forme aux métiers de la mode. En 1942, à 18 ans, elle entre chez Marcel Rochas, un grand couturier, comme modéliste, chargée de créer le patron des vêtements, notamment des costumes de cinéma et de théâtre. Jean Cocteau a confié à Rochas le soin de réaliser les costumes de *L'Éternel retour* avec pour actrice principale Madeleine Sologne. Cocteau, le premier, remarque Édith lors d'un essayage. Jacques Becker qui tourne *Falbalas* lui propose un petit rôle, elle refuse mais figure pourtant au générique. Ses vrais débuts se font au théâtre où elle est la doublure de Gaby Sylvia dans *Huis Clos*, la pièce de Sartre. Elle remplace la vedette, malade, au pied levé. Grâce à Albert Modiano, le père du romancier Patrick Modiano, un agent la repère. Elle tourne alors à Londres avec l'acteur français Daniel Gélin, change son prénom et son nom à la demande du metteur en scène anglais et devient Anne Vernon. Sa carrière est lancée et elle enchaîne les films, notamment *Édouard et Caroline*, *Rue de l'Estrapade*, *L'Affaire des poisons*. Habillée par Rochas, Lanvin et Balenciaga, coiffée par Alexandre, on ne voit plus qu'Anne Vernon !

Quand ils se rencontrent, Anne se remet à peine de sa rupture avec Claude Dauphin, autre « star » de l'époque, de dix-sept ans son aîné, déjà marié avec l'actrice Rosine Deréan, une rescapée de Ravensbrück dont il vient de divorcer. La presse annonce que le mariage de Claude Dauphin et d'Anne Vernon aurait lieu à La Colombe d'or à Saint-Paul-de-Vence (83) où on les a récemment vus dîner en compagnie de Simone Signoret et Yves Montand. Quelques jours avant les épousailles, Claude Dauphin demande à Anne Vernon de l'excuser auprès de ses parents chez qui il doit dîner. Un rendez-vous urgent. Anne Vernon apprend, quelques heures plus tard, que « son fiancé » en a profité pour épouser une autre actrice, Maria Mauban ! Le journal *L'Intransigeant* révèle tout de cette union secrète. Anne Vernon est dévastée. Quand Robert Badinter débarque dans la vie de l'actrice, elle est déprimée, avalant whiskies et somnifères.

Ils s'entendent fort bien. Pour préparer le procès Chaplin, Robert lui propose de partir à la campagne dans le Val de Loire : « Pendant que le Bison, toutes ses paperasses étalées sur une table de ping-pong, travaillait à notre avenir, je faisais des marches avec Esther [une chienne offerte par le cinéaste Max Ophüls] à travers la campagne. » Et d'ajouter : « Entente, rire, plaisir, ce Bison était irrésistible. » À l'évidence, elle adore « son côté moralisateur, son sens des responsabilités, du devoir, son autodiscipline », s'amuse qu'il confonde « le sancerre et le sauternes » et de son « appétit dévorant, sans gourmandise ».

Ils sont heureux ensemble, malgré leurs différences. Ou, peut-être, grâce à leurs différences. Il aime la musique classique ; elle apprécie la chanson. Il aime skier ; elle n'est jamais allée aux sports d'hiver. Il joue au tennis ; elle ne s'y intéresse pas. Ils se marient le 31 octobre 1957 dans la plus stricte intimité. La mère de Robert a refusé d'assister à la cérémonie. Elle désapprouve cette union. Cette belle-fille est de religion catholique, plus âgée que son fils. C'en est trop pour elle.

Il emménage chez Anne Vernon, une maison dans une rue protégée du très chic VIIe arrondissement, rue de Chanaleilles. Dans les anciennes écuries de l'hôtel de Tocqueville, Anne Vernon s'est offert ce refuge, avec une chambre au premier étage, un salon, une salle à manger, un atelier qui donne sur un petit jardin, sans oublier le boudoir télé. Trône, dans le salon, une magnifique bibliothèque en chêne clair emplie de livres anciens abandonnés par… Claude Dauphin.

Le jour, Robert Badinter reçoit ses clients dans l'appartement de sa mère. Le soir, il retourne rue de Chanaleilles. Vie confortable et bourgeoise, gymnastique trois fois par semaine avec un professeur, ski ou natation pendant les vacances en compagnie des amis de l'avocat.

Mais après huit ans de vie commune, le couple Badinter-Vernon, très en vue dans le Tout-Paris, s'essouffle. Ils s'éloignent l'un de l'autre, de plus en plus. Si l'avocat raconte à son épouse ses visites à ses clients en prison, il lui interdit de venir l'écouter plaider. Et il ne l'accompagne jamais sur un tournage.

Le déclic se fait, chez Badinter, lors d'un dîner en compagnie du célèbre écrivain Roger Vailland. Anne Vernon a eu le malheur d'avouer qu'elle ne lisait que « la page spectacles des journaux ». Vailland s'est contenté de sourire. Pas lui… Un autre soir, Anne se lance dans une longue tirade à propos des soucoupes volantes, à la consternation de son époux. Retrouvé dans les Mémoires d'Anne Vernon : « "C'est un sujet de divorce !" clamait-il de sa voix de clarinette, cependant qu'il me foudroyait de son regard noir. » Guère sympathique... À partir de ce moment, note avec finesse Anne Vernon, il commence à se lasser de celle qu'il surnomme « la biche », à l'instar du jeune marié dans Balzac s'adressant à une gentille gourde. La politique n'intéresse pas l'actrice, et la guerre d'Algérie lui paraît lointaine, alors que Robert s'enflamme pour Pierre Mendès France et défend la cause des indépendantistes algériens. Personne d'ailleurs n'imagine Robert Badinter dans ce rôle du « mari de la vedette ». Mais le plus douloureux est à venir. Anne Vernon subit deux fausses couches et plonge dans la dépression. Elle comprend qu'elle ne gardera pas Robert Badinter si elle ne peut lui donner d'enfant.

Ce qu'elle n'a sans doute pas saisi, c'est qu'il porte un secret, enfoui comme une boîte cadenassée rangée dans une armoire dont on croit avoir perdu la clé. Côté pile, c'est un avocat à qui tout sourit. Son cabinet prospère, et son épouse, la gracieuse Anne Vernon, est la coqueluche du Tout-Paris. Anne est fière de raconter qu'un soir où ils dînent chez Lipp, un monsieur fort élégant, chapeau noir et pardessus impeccable, tient à la saluer, en admirateur. C'est François Mitterrand, déjà responsable politique en vue. Côté face, c'est un écorché vif, et non pas un Rastignac insouciant à la conquête de Paris. Robert Badinter est un blessé de l'histoire, qui a sans cesse besoin de se sentir aimé et consolé. Si, en apparence, il semble traverser une période heureuse de son existence, la disparition de son père ne cesse de le torturer.

En 1956, se tient à Varsovie le congrès de la Fédération des orphelins de guerre dont il est l'avocat. À une époque où il est fort rare de se rendre en pèlerinage à Auschwitz, Robert choisit pourtant d'y aller, treize ans après la disparition de Simon. Le musée d'Auschwitz est alors un lieu de mémoire nationale du martyre des Polonais et des citoyens des pays occupés par le IIIe Reich. De l'extermination des Juifs, on ne parle pas.

Il déambule. Longtemps. Il passe devant les baraques, observe les fours crématoires. Ce qu'il avait toujours refusé, il l'accomplit. Là. Réciter le *kaddish*, la prière qu'un fils doit dire sur la tombe de son père. Son regard s'arrête soudain sur des pâquerettes. Il en coupe deux. L'une qu'il garde pour lui, l'autre qu'il donne à sa mère à son retour, accompagnant son geste de cette phrase pour apaiser sa douleur : « Tu vois, la vie est plus forte que la mort. »

Comme tous les enfants de déportés, Robert Badinter a souffert de ne pas pouvoir se recueillir sur une tombe. Ni cérémonie, ni prière, ni chant d'adieu. Rien. Son père a disparu « quelque part à l'Est ». Le traumatisme est si profond qu'il attendra la chute du mur de Berlin pour se rendre en Allemagne. La blessure restera inguérissable.

Robert Badinter n'oubliera jamais non plus la passion que son père vouait à la France, cette reconnaissance pour cette nouvelle patrie qui fera des enfants d'immigrés des professeurs, des avocats, des médecins. Il n'oublie pas davantage la souffrance de Simon quand il fut mal traité par Vichy, dépouillé de ses biens, son désespoir quand son fils aîné, Claude, fut chassé de l'université. Robert Badinter aime répéter à propos des Juifs et de la France ce constat de Léon-Maurice Nordmann, jeune avocat, résistant fusillé par les Allemands au Mont-Valérien en février 1942 : « C'est l'histoire d'un amour malheureux. »

Voilà qui explique par l'essentiel cette vie en partie mondaine. Il s'agit de conjurer un malheur lancinant, de taire le chagrin, de contenir son émotion, de cadenasser ses sentiments, d'afficher en permanence une belle allure. À cette époque, Robert fréquente sans déplaisir un monde de paillettes, de dîners en ville, d'avant-premières. Son voisin, rue de Chanaleilles ? Le célèbre compositeur de musique Georges Van Parys. Anne Vernon croise aussi Albert Camus et le poète René Char, deux amis intimes qui habitent dans le même immeuble, à quelques pas de l'hôtel Matignon, la résidence du Premier ministre, et à proximité du siège des Éditions Gallimard. Vient dîner, rue de

Chanaleilles, le cinéaste italien Roberto Rossellini, dont Robert Badinter est l'avocat. Grâce à cette relation, un autre géant du cinéma italien, Vittorio De Sica, fera tourner Anne Vernon dans *Le Général della Rovere*, un film qui obtiendra le Lion d'or à Venise.

Pourtant, l'entente dans le couple s'est détériorée. Anne ne supporte pas que son mari passe autant de temps à *L'Express*. Elle dénonce « la sultane de ce harem d'un nouveau genre, une brune aux yeux scrutateurs, au sourire de Joconde et au gros derrière » (on reconnaîtra Françoise Giroud, la directrice du journal), laquelle s'emploie, toujours selon Anne Vernon, à éreinter tout film dans lequel on la voit sous prétexte qu'il s'agissait d'un « cinéma de papa ».

Un accident de ski à Val-d'Isère le 1er mars 1962 et une jambe cassée obligent Robert Badinter à rester chez lui. Cette période d'invalidité lui permet de préparer ce à quoi il tient le plus : l'agrégation de droit. Plus de soirées, plus de week-ends, plus de voyages. S'enfermer. Se cloîtrer. Étudier. Les allées et venues de son épouse finissent par l'exaspérer. « Nous nous sommes perdus de vue », dira avec élégance Anne Vernon, citant alors le poème de Prévert : « La guerre sépare ceux qui s'aiment. Tout doucement. Sans faire de bruit. » Après huit ans de mariage, ils divorcent.

Il est donc lancé dans la préparation difficile du concours, son « Annapurna universitaire », dit-il. Trois ans de travail intensif, sans relâche. « J'en ai bavé du sang. » Faisant admirer le plafond du Sénat décoré de signes du Zodiaque à une équipe de télévision, il explique, presque doctement, qu'il est Bélier : « Les béliers foncent contre les murs, la tête baissée, se font très mal, retombent sur leurs fesses et repartent, ce qui me correspond assez bien. » Il sera reçu à l'agrégation de droit en 1965, à la seconde tentative.

Avocat du cinéma et de la presse, Robert Badinter, 37 ans en 1965, est un familier des dimanches à Villennes-sur-Seine (Oise), dans la propriété de Marcel Bleustein-Blanchet, fondateur du groupe Publicis. Il y rencontre là aussi le Tout-Paris de la politique (Pierre Mendès France, Edgar Faure, François Mitterrand, Jacques Chaban-Delmas), des affaires (les Dassault, les Bolloré), de la presse (Pierre et Hélène Lazareff, Raymond Aron, Françoise Giroud). La personnalité de Marcel Bleustein-Blanchet est par ailleurs fascinante : autodidacte, fils de Juifs venus de Russie, marchand de meubles à 13 ans, résistant FFI sous le nom de Blanchet, il prend ce double nom à la Libération, Bleustein-Blanchet. Il « invente » la publicité en France, mais pas seulement. Il promeut et impose les jeux radiophoniques, les sondages d'opinion, les premiers débats politiques à la télévision, la réclame au cinéma, le concept du drugstore… « André, le chausseur sachant chausser », et tant d'autres slogans publicitaires, c'est lui. Marié à Sophie Vaillant, petite-fille de l'homme politique socialiste Édouard Vaillant, elle-même journaliste à *Elle*, Marcel Bleustein-Blanchet a trois filles : Marie-Françoise, née en 1940, Élisabeth, née en 1944, et Michèle, née en 1946.

Élisabeth tombe sous le charme de Robert. De seize ans sa cadette, elle le croise depuis quelques années déjà. Ils se marient vite dans la plus stricte intimité : les parents, les témoins, selon un communiqué publié dans le journal *Paris-Presse* une semaine après.

Dès le début, Élisabeth cultive le secret sur sa vie privée, se refusant à raconter quoi que ce soit sur son mari. On ne sait rien non plus de leurs trois enfants, Simon, Judith et Benjamin. On remarque que cette intellectuelle, philosophe, bientôt auteure de plusieurs livres à succès, se plaît dans l'austérité. Absence de maquillage, cheveux sagement tenus par une barrette frappent, de même que sa tenue : souvent vêtue d'une jupe stricte et d'un pull-over à peine égayé par un foulard et un petit pendentif, Élisabeth Badinter assume tout à fait ce genre rigoriste. Il finira d'ailleurs par déteindre sur son mari, même si celui-ci a toujours apprécié les costumes bien coupés.

Robert Badinter, moins de quarante ans, appartient désormais à l'establishment. De son séjour aux États-Unis, il a gardé en tête ces cabinets d'avocats qui conseillent les grandes entreprises et les banques, notamment quand il s'agit d'acheter des concurrents. Il a envie de construire un cabinet de ce genre, mais pour cela, il lui faut trouver le partenaire idéal, un associé de haut vol. Car, pour attirer l'attention des principaux dirigeants du capitalisme français, il doit sortir de cette image de l'avocat portant une robe noire et rabat plissé en tissu blanc, plaidant pour les délinquants. Cette fois, c'est d'une tout autre mise en scène qu'il doit s'agir. L'arme principale ? La capacité de négociation. La marque du succès ? Un *deal* réussi. La marque de l'échec ? Le procès. Pour réussir cette transformation, Robert Badinter a donc besoin d'un alter ego qui déploie cette même et nouvelle conception du métier. L'avocat des années 1970 ne peut plus ressembler à celui des années 1950 qu'incarnait Henry Torrès, le « patron ».

En couple avec Élisabeth, Robert Badinter va désormais l'être avec son nouvel associé, Jean-Denis Bredin. Amis ? Pas forcément, mais ils s'admirent, s'estiment. Tant de points communs les réunissent – l'âge d'abord (ils ont un an d'écart), et puis ils sont tous deux orphelins de père. Dans leur commune conception, Badinter et Bredin privilégient le travail acharné, la loyauté indéfectible. Le nouvel associé a été lui aussi élevé par sa mère remariée avec l'avocat Jean Lemaire, futur bâtonnier du barreau de Paris. Quand il rentre en classe de cinquième au lycée Charlemagne, pendant l'Occupation, Bredin est inscrit sous le nom de son beau-père, abandonnant le nom de son père, Hirsch, patronyme d'une vieille famille juive française. Par décret du 16 mars 1950, cet enfant de la haute bourgeoisie parisienne obtient de changer son nom d'origine pour prendre celui de la famille de sa mère, Bredin. À la Libération, son beau-père, Lemaire, accepte de défendre Pétain, expliquant que son métier le conduit à mettre sa robe au service d'un homme parce que, quoi qu'il ait fait, il reste un homme appelant à l'aide. Badinter ne serait sans doute pas choqué.

Brillant, Jean-Denis Bredin est désigné premier secrétaire de la conférence du stage, concours d'éloquence des avocats qui a lieu chaque année. Il installe alors son cabinet chez sa mère, comme Robert. Juriste d'une qualité exceptionnelle, il est reçu premier à l'agrégation de droit privé en 1957. Plus jeune agrégé de France… Les associés sont donc l'un et l'autre professeurs de droit.

Badinter, à l'inverse de Bredin, n'était guère « Palais », selon l'expression consacrée. Cela voulait dire qu'il était peu apprécié de ses confrères, lesquels lui reprochent sa froideur. Il est exact qu'il ne s'attardait pas dans la salle des pas perdus, qu'on ne le croisait guère dans les couloirs de l'instruction, encore moins à la fameuse buvette. L'arrogance Badinter, sans doute complémentaire de la courtoisie Bredin. Deux styles, deux tempéraments, deux ambitions, au service des « grands ». Un duo redoutable, et vite redouté à Paris. Ils proposent un cabinet sur-mesure s'inspirant des Américains, mais sans leur démesure. Ils veulent incarner la perfection juridique. Et ça marche. Très vite. Le gotha des affaires défile au 130 rue du Faubourg-Saint-Honoré. Adresse prestigieuse à quelques encâblures de l'Élysée, endroit cossu mais sans ostentation, à l'image des deux complices. Ici se trament les grands bouleversements économiques et financiers du capitalisme français. Le cabinet prospère rapidement, à en rendre jaloux bien des confrères.

CHAPITRE V

« Je claquerai du cœur à l'audience ! »

Au printemps 1972, un appel de maître Philippe Lemaire fait bifurquer le destin de Robert Badinter. Il entraîne son confrère et ami sur le chemin de l'Histoire. Avocat pénaliste talentueux, reconnu comme l'un des meilleurs, ancien secrétaire de la conférence et partisan de l'abolition de la peine de mort, Philippe Lemaire est le demi-frère de Jean-Denis Bredin, l'associé de Badinter. Il demande d'abord à Bredin, ce « génie du droit », de l'assister dans la défense de Roger Bontems, l'un des deux accusés de l'affaire dite des mutins assassins de la prison de Clairvaux, dans l'Aube. Bredin ne se sent ni le goût ni la force de traverser pareille épreuve. Il conseille alors à Lemaire de proposer cette « mission » à Badinter – lequel accepte sans hésitation. Il sait l'affaire difficile, mais pas désespérée, du moins dans le cas de Bontems.

Enfermés à la centrale de Clairvaux – l'une des plus vétustes de France, imposant aux détenus des conditions de vie épouvantables –, Claude Buffet et Roger Bontems, tous deux anciens militaires, partagent la même cellule. Pour avoir massacré une femme à qui il avait tenté de voler son sac à main, Buffet, 38 ans, a été condamné en 1970 à la réclusion criminelle à perpétuité. À l'énoncé du verdict, il avait explosé de colère, il souhaitait la guillotine… Les experts psychiatriques le décrivent de la sorte : « Un être attiré irrésistiblement par la cruauté, pervers, dépourvu de tout sens moral, extrêmement dangereux. » Bontems, 35 ans, purge une peine de vingt ans de réclusion pour vol qualifié et agression sur un chauffeur de taxi. La peine, au regard des faits, avait été estimée excessivement sévère. La cohabitation avec Buffet a durci Bontems. Le premier persuade le second de tenter ensemble une évasion. Se plaignant l'un et l'autre de douleurs au ventre, ils sont conduits, le 21 septembre 1971, à l'infirmerie de la prison. Ils prennent alors en otage un gardien, Guy Girardot, et une infirmière, Nicole Comte, exigent une voiture, de l'argent et des armes. Le lendemain matin, les policiers donnent l'assaut, neutralisent Buffet et Bontems et découvrent les deux otages morts. Égorgés.

27 juin 1972. Le procès pour séquestration et double crime s'ouvre à Troyes devant la cour d'assises de l'Aube dans un climat passionnel. Quand les fourgons

cellulaires amènent les accusés au palais de justice ou les reconduisent à la prison de Clairvaux, des passants et des badauds crient : « À mort ! »

Les enquêteurs, le juge d'instruction, les magistrats, les avocats et les journalistes, tous ceux qui ont travaillé sur l'affaire, acquièrent la conviction, quasiment la certitude, que Bontems n'a pas tué. Buffet, défendu par deux remarquables avocats, Thierry Lévy et Rémi Crauste, reconnaît d'abord qu'il est le seul responsable, puis modifie sa version. Qu'importe, Badinter, découvrant le dossier d'instruction, se persuade que son nouveau client ne peut pas risquer la peine de mort. Aujourd'hui encore, il se souvient de ses mots quand il le rencontre pour la première fois : « Vous n'avez pas de sang sur les mains, Bontems. On ne peut pas vous condamner à mort. »

Quelle erreur... L'erreur d'une vie. Celle qu'il ne se pardonnera jamais.

C'est la première fois que Badinter défend un homme qui risque la guillotine. Il se retrouve face au « mur lisse » décrit par Henry Torrès. Son mentor l'avait pourtant prévenu : « La mort, c'est l'injustice à l'état brut, celle qui ôte à l'avocat sa raison d'être parce qu'elle est définitive [...]. C'est le mur lisse. Une fois que tu l'as rencontrée, tu te poseras les vraies questions. Alors tu seras un avocat. »

Avant d'aborder cette épreuve, Badinter veut se souvenir des enseignements de Torrès : « Notre règle première ? Défendre le client coûte que coûte ; être solidaire de l'homme sans pour autant l'être du crime. » De cette éthique professionnelle, il entend ne jamais dévier. Il se réfère aussi au *Traité des délits et des peines* que l'Italien Cesare Beccaria rédigea au XVIIIe siècle, lequel texte aura une influence idéologique considérable sur la Déclaration des droits de l'homme de 1789. Qu'expliquait donc le juriste milanais, dès 1764 ? « Le dernier supplice [la peine de mort] n'a jamais empêché les hommes résolus de nuire à la société. » C'est cela, la conviction forte de Robert Badinter, celle qui le pousse à accepter la proposition de Philippe Lemaire : la mise à mort n'exerce aucun effet dissuasif sur les criminels potentiels. Aucun ! Son idole Victor Hugo évoquait pour sa part « l'inutilité de la sanction ». Alors, avec Lemaire, il veut se persuader qu'au-delà du sort promis à Bontems, et cela reste sa préoccupation la plus urgente, la cause abolitionniste pourrait sortir renforcée de cette affaire ultra-médiatisée.

Il est inhabituel qu'un procès se tienne aussi vite. Dès juin 1972, les accusés comparaissent devant les jurés de la cour d'assises de Troyes, neuf mois seulement après les faits. La justice française, d'ordinaire si lente, a fait preuve cette fois de célérité. Comme s'il s'agissait d'un exorcisme national et collectif. Il n'est pas non plus indifférent que les victimes soient un gardien de prison et une infirmière : l'émotion et la pression populaires n'en sont que plus fortes, d'autant que les organisations syndicales, notamment celles de l'administration pénitentiaire, s'en mêlent. Comme un appel sourd à la vengeance. Contexte lourd, oppressant, difficile pour l'avocat Badinter qui retrouve les assises, le cérémonial convenu et les règles imposées.

La stratégie établie avec Philippe Lemaire est évidente : d'abord, démontrer que Bontems ne peut pas avoir tué, même si un couteau Opinel a été retrouvé dans l'une de ses poches. Pas la bonne taille, pas la bonne lame, aucune trace de sang. Dans un premier mouvement, Buffet dédouane Bontems : il a égorgé lui-même le gardien puis l'infirmière, son comparse n'y est pour rien et, une nouvelle fois, il réclame que la peine capitale lui soit appliquée. Puis voilà qu'insensiblement, il modifie sa version – comme s'il entendait se jouer de Bontems, le mettre à la torture, l'entraîner dans cette spirale jusqu'au-boutiste, l'appel à la guillotine, le souhait d'en finir. Alors, si Buffet le manipulateur confirme qu'il a égorgé seul le gardien de prison à l'aide d'un ustensile récupéré auprès d'un détenu, s'il reconnaît avoir attaqué l'infirmière, il affirme que c'est Bontems qui a porté le second coup, le coup fatal. Et Bontems, d'abord, n'ose démentir tant il est sous la coupe de Buffet. Bontems qui, sous les sollicitations répétées de Badinter, finit par hurler aux neuf jurés : « Je ne l'ai pas touchée, je le jure ! » Mais le doute s'est insinué. Le retournement est d'autant plus spectaculaire qu'un témoin clé, le médecin chef de la prison de Fresnes, là où Bontems a été transféré, modifie son témoignage initial à la barre du tribunal. Il avait pourtant assisté aux premiers interrogatoires et rédigé un rapport « innocentant » Bontems des deux crimes. Mais ce rapport ne figure plus dans le dossier d'instruction en raison d'un vice de forme. Et, face aux jurés d'assises, le médecin chef détaille comment Bontems, avec son Opinel, a achevé d'égorger l'infirmière.

Au risque d'être sanctionné par le président de la cour d'assises, Badinter provoque un incident si violent que l'audience est interrompue pendant près de deux heures. Il exige la publicité du premier rapport du médecin légiste favorable à son client, retiré au cours de la procédure d'instruction, donc interdit d'exploitation. Refus de la cour. Mais Badinter passe outre et s'entête à mentionner ce premier rapport. Le président entend déférer l'incident au conseil de l'ordre du barreau de Paris qui aura à apprécier si l'avocat a commis un manquement à l'éthique professionnelle. Furieux, Badinter menace de quitter le procès si la cour prononce la moindre sanction à son encontre, serait-ce un simple avertissement. Les avocats de Buffet annoncent qu'ils partiront eux aussi, interdisant ainsi la poursuite du procès. Dans les cris, la fureur, les menaces, les termes de ce premier rapport « dissimulé » sont enfin portés à la connaissance des jurés. Chacun dans la salle d'audience le constate : non, Bontems ne peut pas avoir mis à mort l'infirmière.

Robert Badinter veut alors une nouvelle fois se persuader que Bontems, n'ayant pas de sang sur les mains, échappera à la guillotine. Il lui aura pourtant suffi de ces quelques jours passés à Troyes pour ressentir l'atmosphère si particulière, si oppressante, si angoissante de ces procès d'assises où les accusés encourent la peine capitale. Près d'un demi-siècle après, il n'a pas oublié un détail, une remarque, un cri, une insulte : « Rien, je dis bien rien, ne peut se comparer à ce que j'ai connu durant ces procès en province, les hurlements de haine, les appels à la mort. » Il en est encore vibrant d'émotion et de souvenirs.

La plaidoirie, donc les derniers mots pour éviter à Bontems l'échafaud : « Le problème Buffet... Il n'y en a pas, mais il y a Bontems. Du côté de l'accusation, on se disait : Buffet, c'est fait..., mais on voulait aussi Bontems, et l'on demande sa tête. C'est le vieux cri barbare du talion : "La mort pour la mort." Et Buffet le pervers est en train de se dire : la dernière personne que j'aurais tuée sera Roger Bontems et j'y serai parvenu grâce à la justice... » La cour se retire pour délibérer, une heure trente, c'est bref.

Verdict : Buffet condamné à mort. Son commentaire : « C'est très bien. » À plusieurs reprises ensuite, il écrira au président de la République Georges

Pompidou pour le supplier de ne point faire jouer son droit de grâce. « Si jamais vous me graciez, avertit-il le chef de l'État, je recommencerai. »

Bontems. À la question « Est-il coupable du coup de couteau ayant donné la mort à l'infirmière, Mme Comte ? », la réponse est « non ». À l'autre question, « complice de Buffet, doit-il bénéficier de circonstances atténuantes ? », la réponse est également « non ». Cela lui vaut donc la même peine, la mort. Badinter murmure aussitôt à l'oreille de Bontems : « Vous serez gracié, c'est sûr. Ils ont reconnu que vous n'étiez pas coupable. » Réplique du condamné à mort : « Puisque vous me le dites, Maître, j'ai confiance. »

Entre l'avocat et son client s'est nouée une relation forte et, pour Badinter, cela n'a rien d'habituel. Une sorte de fraternité. Le froid Badinter. Le raide Badinter. Le très réservé Badinter. Question de caractère bien entendu, mais aussi de tradition professionnelle. Il reste fidèle à l'école Torrès selon laquelle « la défense est une action indifférente à la personnalité de l'accusé, défendre, ce n'est pas aimer, c'est aimer défendre ». Mais désormais le sort de Bontems le préoccupe en permanence. À en devenir une obsession. Le remords de n'avoir pas réussi devant la cour d'assises. Il n'avait cessé de redouter pareille issue. Il avait d'ailleurs éprouvé de désagréables sensations en se promenant dans les rues de Troyes, en traînant aux comptoirs des cafés, en écoutant les conversations, en bavardant avec le personnel de l'hôtel où il avait pris pension. Une envie de mort et de vengeance exprimée sans la moindre réticence, sans aucune retenue. Avant ces déambulations, sans doute n'avait-il pas tout à fait conscience de la puissance de cette pulsion exigeant la mort. Il en avait une connaissance intellectuelle, quasi livresque, mais il sait désormais qu'il mènera le combat abolitionniste, que sa vie professionnelle et personnelle en seront durablement modifiées.

Philippe Lemaire et Robert Badinter déposent d'abord un pourvoi en cassation. Trouver une faille de procédure pour obtenir un nouveau procès. Le 12 octobre 1972, le pourvoi est rejeté. Il ne reste donc que la grâce présidentielle, celle de Georges Pompidou. Badinter s'interroge sur la psychologie du chef de l'État, il se raccroche au moindre indice. Ses interlocuteurs cherchent à le rassurer, Pompidou serait un humaniste. Depuis son accession à l'Élysée en 1969, il n'a pas permis la moindre exécution. Comment sacrifierait-il Bontems, un condamné à mort dont la justice elle-même reconnaît qu'il n'a pas tué ? Mais Badinter est inquiet, comme il le raconte dans *L'Exécution*, son plus beau livre : « Tous les matins, à présent, j'allais voir Bontems dans sa cellule [à la prison de la Santé à Paris]. C'était devenu pour moi un rite, une obligation à laquelle je ne pouvais me soustraire. Comme si cette visite matinale conjurait le sort et de voir Bontems vivant me rassurait, me convainquait presque que cet homme-là, en pleine force, ne pouvait demain mourir sur ordre. » Chaque matin, Bontems posait la même question : « Alors, Maître, quelles nouvelles ? » Et chaque matin, Badinter répondait : « Aucune, mon vieux, aucune, il faut attendre. » Dans le langage Badinter, « mon vieux » est une marque de confiance, l'indication d'un début de proximité. « Mon vieux » et le « grand avocat » attendent ensemble, avec leurs doutes et leurs douleurs, la décision du président Pompidou.

Badinter y songe jour et nuit, il « intellectualise » et « historicise » la chose : « Mais qu'implique en réalité le droit de grâce ? Juges et jurés ne condamnent pas l'accusé à mourir effectivement sur la guillotine. Ils offrent simplement au prince la possibilité de cette exécution. Ils lui ouvrent l'alternative : laisser vivre ou faire mourir. À lui de choisir. Le prince seul en définitive décide. C'est par là qu'il est responsable et totalement responsable, puisqu'il peut tout, à son gré, à sa guise, sans rendre compte à quiconque, hormis à lui-même. Il est le tout-puissant. »

Alors que la décision du président Pompidou est attendue sous peu, sort un sondage sur la peine de mort. Sans surprise, une forte majorité des Français y est favorable. Calcul politique pour convaincre Pompidou de refuser la grâce ? Badinter voit là un mauvais augure, il doute désormais du sort de Bontems. Il comprend que, dans l'opinion publique, son destin est indissolublement lié à celui de Buffet. Ils sont les deux « assassins » de Clairvaux et qu'importe si Bontems n'a pas tué. Celui qui n'a pas tué ne peut être tué, avait plaidé Badinter. Et si une autre règle était appliquée ? Puisqu'ils avaient agi ensemble, ils connaîtront le même sort, la mort…

Le 14 novembre 1972 à minuit, une dépêche de l'agence France Presse fait savoir que ce même jour le Président recevra à 11 h 30 les défenseurs de Roger Bontems, maîtres Robert Badinter et Philippe Lemaire, puis à 12 heures ceux de Claude Buffet, maîtres Thierry Lévy et Rémi Crauste. Trente minutes pour convaincre, pas une de plus. La suite de la dépêche – de tonalité quasi officielle – est glaçante : « Après cette audience, qui est d'usage, le président de la République décidera, sans être soumis à aucun délai, si la décision de la Cour d'assises doit être exécutée ou bien si elle est commuée en une peine de réclusion criminelle à perpétuité. Ceci conformément à l'article 17 de la Constitution : “Le président de la République a le droit de faire grâce à titre individuel”. »

16 novembre 1972. Georges Pompidou note dans son journal : « La réception des avocats. Pour Bontems : Lemaire et Badinter. Lemaire, très neutre [...]. Badinter est celui qui parle de moi en disant “le salaud”. Il est tout miel, respect et sourire. Intelligent, mondain, lèvres méchantes, séduction naturelle et dans le cas particulier appuyée. » Pour Buffet, note Pompidou,

« un jeune Lévy, cheveux longs, genre PSU, me regarde avec une haine évidente et comique. Exposé habile ». Et pour finir : « Crauste, juste et nullement partial, consciencieux et intelligent, cherche à sauver réellement avec la thèse de la défense que n'approuve pas Lévy. » En réalité, Badinter a cherché à utiliser au mieux ces brefs instants pour tenter de briser, dans l'esprit du Président, le duo des « assassins de Clairvaux ». Bontems, lui, n'a pas tué, et les jurés l'ont admis, insiste-t-il, il serait donc inconcevable de l'exécuter.

Interrogés à la sortie de l'audience par quelques journalistes, Philippe Lemaire et Robert Badinter ne dissimulent pas leur inquiétude. « Ce n'est pas gagné », convient le premier. Ils ont trouvé le Président « fermé », fatigué et empâté. Pompidou est malade, la presse commence à bruisser de rumeurs. L'attente. Quelques jours encore. La crainte de la nuit tombée. Car les avocats, si la grâce est refusée, sont prévenus tard dans la soirée que la guillotine fonctionnera au petit matin, à 4 h 30 précisément. Le 27 novembre, vers 18 heures, les quatre défenseurs – Badinter et Lemaire, Lévy et Crauste – sont avertis : grâce refusée pour Buffet, grâce refusée pour Bontems. L'exécution bientôt. Ils se retrouveront tous les quatre à 3 heures du matin rue Guynemer, au domicile des Badinter. Élisabeth Badinter est présente.

Ultimes minutes avant de rejoindre la Santé. Choisir un costume – sombre ; une cravate – sombre ; se raser – de près. Remarquer, d'un ton détaché, la présence des voitures et des motos de presse. Se remémorer que, selon Henry Torrès, un avocat ne peut se prétendre avocat qu'après avoir affronté « pour de vrai » la peine de mort. Ce sera bientôt chose faite.

Quand Badinter et Lemaire, accompagnés de l'aumônier de la prison et du procureur de la République – celui qui lira la sentence au condamné –, entrent dans la cellule, Bontems ne se doute encore de rien. Il espérait en la grâce présidentielle. Y croyait-il ? Il écrit alors à ses parents. Quelques gouttes de cognac, une dernière cigarette. Une prière du prêtre. Et ces quelques lignes de Badinter tirées de *L'Exécution* : « Tous, et sans doute moi aussi, montraient une sorte de rictus. Ils avaient tous, à cet instant, des gueules d'assassins. Seuls le prêtre et Bontems avaient encore des visages d'hommes. Le crime avait, physiquement, changé de camp. »

Badinter alors étreint Bontems, Lemaire lui parle sans arrêt, sans relâche. Badinter, quelques mois plus tard dans *L'Express*, racontera : « Quand tout est perdu, l'avocat est un homme qui aide un autre homme à mourir. Il est le père, le frère du condamné, il est son ami, il est tout. Ce que Philippe Lemaire a fait en ces minutes-là pour Bontems était admirable, prodigieux. »

C'est fini. Roger Bontems a été exécuté, Claude Buffet ensuite. Badinter écrit aussitôt aux parents de Bontems, catholiques pratiquants : « Votre fils a communié, il s'est confessé, il a reçu l'absolution et il est donc mort en chrétien, je partage votre douleur et cette douleur nous est commune. »

Robert Badinter le dit aujourd'hui encore, cette exécution a modifié au plus profond, non seulement son existence, mais aussi sa personne : « L'affaire Buffet-Bontems a changé beaucoup de choses dans mon esprit. Partisan de l'abolition, je suis devenu militant de l'abolition. J'avais la certitude que le président Pompidou inscrirait son humanité en épargnant la vie de Bontems – qui n'avait pas tué, je ne cesserai de le rappeler – et sa volonté de sécurité en refusant la grâce de Buffet, un tueur récidiviste qui souhaitait être guillotiné. En sortant de la Santé, j'ai compris que je n'accepterais plus jamais cette justice qui tue. Je savais que j'étais désormais voué à défendre tous ceux risquant la peine de mort, quelle que soit l'horreur de leurs crimes. Je m'y suis tenu. » Quelques heures après l'exécution, il prenait le train pour Amiens. Un cours à l'université de droit. La vie continuait. Mais pas comme avant.

Désormais, il multiplie articles dans les journaux, témoignages et conférences. En 1973, il publie ce livre, *L'Exécution*. Tout autant un hommage à son « maître » Torrès que le récit minutieux de ce combat perdu pour sauver la vie de Bontems. Badinter convient de son erreur d'appréciation, d'analyse – et on ne l'y reprendra plus. Jusqu'au dernier instant, il était convaincu que, face aux jurés puis au président Pompidou, la logique cartésienne serait *in fine* respectée : celui qui n'avait pas tué ne pouvait être tué. Faux. Devant une cour d'assises, face au chef de l'État, dès lors qu'il s'agit de la peine de mort, il n'est plus question d'un combat juridique, mais d'abord et avant tout d'un affrontement moral et éthique, avec une part essentielle faite à la passion, à l'irrationnel.

En avril 1974, Georges Pompidou succombe à sa maladie. Robert Badinter participe activement à la campagne présidentielle de François Mitterrand. Il collabore à la rédaction de quelques discours, conseille le candidat pour améliorer ses interventions télévisées. Nouvel échec du candidat socialiste, de fort peu cette fois. Badinter est parmi ceux qui avaient pressenti la possible victoire de Valéry Giscard d'Estaing dans un pays qui, pourtant, depuis la victoire du Front populaire en 1936, n'avait jamais exprimé une telle envie « de gauche ». Mais il avait compris que le jeune et libéral Giscard était un candidat redoutable, en mesure de ringardiser Mitterrand. Petit écart, mais victoire tout de même. Badinter ne désespère pourtant pas que le nouveau et jeune chef de l'État ait l'audace d'abolir la peine capitale. Majorité à 18 ans, interruption volontaire de grossesse et droits des femmes… Mitterrand et la gauche n'auraient guère fait mieux, ni plus. Mais la peine de mort ? Les sondages se succèdent et montrent que les Français y sont plus favorables que jamais. Giscard reste obstinément silencieux sur le sujet, mais ce n'est pas le cas du très influent ministre de l'Intérieur, Michel Poniatowski, et du garde des Sceaux, le centriste Jean Lecanuet : ils se déclarent l'un et l'autre favorables à son maintien. Le combat continue.

Un petit garçon de 7 ans, Philippe Bertrand, est enlevé le 30 janvier 1976, à Troyes, à la sortie de l'école. Le ravisseur réclame une rançon d'un million de francs – une somme importante. Les parents acceptent les conditions du ravisseur, ils promettent de payer, ils le disent et le répètent à la télévision. Les Français les regardent, les écoutent, souffrent avec eux. Pendant près de trois semaines, l'enquête piétine, un suspect est arrêté ; à deux reprises, il a été repéré dans un café à proximité du parking où la rançon doit être déposée. Il se nomme Patrick Henry, est âgé de 27 ans, ses parents connaissent la famille Bertrand et il s'est récemment endetté. Forts soupçons, mais aucune preuve. Il est relâché, fait le malin devant les journalistes, leurs caméras et micros qui, par grappes, se sont installés à Troyes : « C'est vraiment moche de s'attaquer à des enfants. Le coupable doit être condamné à mort. »

Alors que la France entière partage l'angoisse des parents Bertrand et qu'on ignore encore quel est le sort de l'enfant, Valéry Giscard d'Estaing accorde la grâce à Bruno T., un garçon de 19 ans condamné pour un crime commis deux ans plus tôt. Cette décision semble confirmer la « profonde aversion envers la peine de mort » que le Président a évoquée à quelques reprises.

Au même moment, les enquêteurs découvrent que Patrick Henry, en plus du studio qu'il habite à Troyes, loue un meublé. Ils y trouvent l'enfant étranglé, le corps roulé dans une couverture et glissé sous le lit. Depuis huit jours au moins. Quand il se pavanait devant les journalistes, Patrick Henry avait déjà tué. Il partira skier quelques jours avant d'être arrêté.

Jamais déferlement de haine contre un meurtrier n'avait atteint une telle intensité. Les médias et les Français réclament une justice exemplaire. La mort. Le journaliste Yves Mourousi, qui présente le journal de la mi-journée sur TF1, sait traduire cette haine en deux phrases : « Salaud, le mot a été employé. Et vous venez d'en voir un sur votre écran. » À l'image, une photo du « salaud ». À 20 heures, sur la même chaîne, l'autre présentateur vedette de l'époque, Roger Gicquel, plan étroit autour de son visage, mâchoire serrée, comme s'il regardait chaque téléspectateur les yeux dans les yeux, articule cette phrase désormais célèbre : « La France a peur. »

Le ministre de l'Intérieur, Michel Poniatowski, indique aussitôt quelle devrait être la nature du verdict : « Si j'étais juré dans cette affaire, je voterais la mort. » Le gaulliste Robert Galley, maire de Troyes et ministre de l'Équipement, exige, lui, « une peine exemplaire ». Chacun aura compris.

La mission de l'avocat de la défense – l'avocat du monstre Patrick Henry – sera plus difficile que jamais, impossible en réalité. Badinter accepte en kamikaze une invitation du même Gicquel pour expliquer que le combat abolitionniste reste plus essentiel que jamais. « La vie est sacrée », rappelle-t-il. Quelques jours après, il prend la plume dans *Le Monde* : « Par cette réponse sanglante, nous perdons notre âme sans nous sauver des assassins. » Les Français n'entendent rien, moins que jamais, à cette dialectique. Comme ils n'ont que faire de l'appel de l'archevêque de Paris « refusant la tentation de réclamer une justice expéditive ».

La France exige la mort de Patrick Henry, qu'il soit « coupé vivant en deux », selon une formule que Robert Badinter utilise parfois pour mieux ancrer dans l'esprit des citoyens, dans la tête des jurés, la violence ultime de cet acte. C'est Roger Bontems qui l'avait employée le premier dans une de ses lettres adressées à Georges Pompidou.

Quel avocat va accepter d'assurer la défense de Patrick Henry ? Qui sera assez « dingue » pour relever cette épreuve ? Qui est prêt à être détesté, haï par la France tout entière ? L'une des consciences du barreau français, maître Henri Leclerc, mesure les risques : « L'avocat de Patrick Henry devra affronter l'opinion publique, subir les injures de la presse et les crachats de la foule. » Dans l'esprit de Leclerc, il y a évidemment des impératifs à assumer, une morale, une éthique : « Son défenseur contribuera à bâtir un nouveau monde. Nous devons sauver Patrick Henry de la mort parce qu'en face de ce monde qui tue les enfants, nous n'opposons pas le désespoir et la mort, mais l'espoir et la vie. » Maître Robert Bocquillon, bâtonnier de Chaumont, une ville proche de Troyes, se commet d'office à la défense de Patrick Henry. Son homologue de Troyes a refusé. Impossible toutefois d'y aller seul, tant le cas apparaît désespéré. Bocquillon songe d'abord au pénaliste marseillais Émile Pollak, abolitionniste militant. Puis il contacte Badinter. Comme si cela allait de soi. La répétition de Buffet-Bontems ? Le cauchemar revenu ? Le dossier impossible ? Le procès perdu à l'avance, la plupart des Français exigeant la décapitation du « monstre » ? La plaidoirie inutile ? La supplique au chef de l'État sans la moindre chance ? Le retour au petit matin dans la cour de la Santé ?

Pourtant, Badinter accepte, sans aucun défraiement, il n'est pas inutile de le préciser. Sa décision ne faisait aucun doute puisque la peine de mort sera au cœur du procès. Il déconstruit et reconstruit le dossier, découvre les contradictions dans lesquelles son client s'est enferré, lui rend visite à la Santé, prison où Patrick Henry a été transféré, lui pose mille et une questions pour essayer de comprendre, dans le moindre détail. Il le tanne par exemple avec un élément capital prouvant la préméditation, ce que Patrick Henry nie avec obstination, affirmant qu'il a « paniqué ». Mais comment est-il possible dans ce cas qu'on ait retrouvé des traces de barbituriques dans le sang de l'enfant ? Point essentiel en effet, car il peut interdire les fameuses « circonstances atténuantes ».

Le procès s'ouvre donc à Troyes le 18 janvier 1977, il est prévu trois jours d'audience. Pour Badinter, ce retour dans une ville « maudite » est insupportable. Les deux avocats de la défense ont bien tenté d'obtenir un dépaysement dans une autre ville pour garantir la « sérénité des débats ». Rejeté. Alors, ils se sont partagé les rôles : à Bocquillon, le dossier et les faits, la personnalité du prévenu, son comportement criminel ; à Badinter, la bataille contre la peine de mort. Il s'est entouré de trois témoins de moralité et d'expérience, le criminologue Jacques Léauté (« Non, la peine de mort n'est pas dissuasive »), le prix Nobel et biologiste André Lwoff (qui dénoncera « les pulsions primitives liées à l'exécution ») et l'abbé Clavier, aumônier de la prison de la Santé (il a accompagné Buffet et Bontems jusqu'à l'échafaud).

La France observe. Elle exige la vengeance, la mort, l'exécution. Un flot de journalistes sont présents. Le procès de Patrick Henry, bien sûr et d'abord, mais aussi celui de la peine de mort, avec un avocat-procureur, Robert Badinter.

Chacun joue son rôle. Patrick Henry, suivant les instructions de ses avocats, tente de se faire le plus anonyme possible. Les trois témoins présentés par Badinter sont là pour intellectualiser et idéologiser l'affaire, pour démontrer l'inanité de la peine capitale. L'avocat de la partie civile, maître Joannès Ambre – un pénaliste lyonnais réputé –, refuse de tomber dans la facilité, dans l'excès. Il insiste sur le « chemin de croix » des parents de la victime, les dix-huit interminables journées d'attente. L'avocat général, comme il va de soi, exige la peine capitale avec de forts arguments, décrivant et racontant un « génie du mal, rejeté par tous ». Maître Bocquillon, avant-dernier à prendre la parole, est précis, mais aussi touchant, émouvant, parvenant à rendre son humanité à Patrick Henry. Rien d'évident, pourtant, car obtenir gain de cause – c'est-à-dire la réclusion à perpétuité – semble hors de portée. Reste l'ultime plaidoirie, celle de Badinter. Chacun l'attend, et il le sait.

Quelques heures auparavant, il a croisé Pierre Georges, le chroniqueur du journal *Le Monde*, et s'est laissé aller à une confidence, ce qui n'est pourtant pas son genre et prouve son état de tension : « Oui, il n'y a pas une chance sur mille, mais, cette chance, je la disputerai jusqu'au bout. » Il est persuadé que la mission ne peut être relevée.

Que se passe-t-il quand il se lève de son banc ? Ceci, raconté par Pierre Georges : « Me Bocquillon n'avait pas sauvé Patrick Henry ; il le savait. Il savait depuis le départ, quand il avait appelé à l'aide Me Badinter, qu'il ne sauverait pas Patrick Henry seul.

Lorsque Me Badinter, pâle, maigre, le visage blême, commença à parler d'une voix volontairement assourdie, cassée, martelant les mots un peu au rythme d'une marche funèbre, dès qu'il eut prononcé les premières phrases d'une plaidoirie improvisée, non écrite, et qui mériterait pourtant publication, on sut tout de suite une chose : ce n'était pas seulement l'avocat Badinter qui était venu défendre le client Henry, mais l'homme lui-même qui, cinq ans après, retournait à Troyes pour chercher sa revanche sur lui-même, pour cicatriser ou ouvrir davantage encore une blessure terrible.

Ce moment extraordinaire, ce cri prolongé qui, pendant une heure et demie, a tenu comme fascinés, éblouis, tous ceux qui étaient dans la salle d'audience, ce périple forcé dans la conscience humaine, nous le devons à un avocat qui ne s'est jamais pardonné de n'avoir pu sauver à Troyes un autre accusé, Roger Bontems. “Il n'existe pas de grands procès. On croit que, parce qu'il y a beaucoup de monde, beaucoup de journalistes, c'est un procès différent des autres.

Ce n'est pas vrai, dit-il d'entrée, aux jurés. Ici c'est lui, c'est vous et c'est un petit peu moi. Quand tout sera fini ce soir, ce ne sera pas fini pour lui, pour vous, et pour moi. Ici même, le même avocat général avait demandé, avec les mêmes mots, la même peine. Je m'étais battu pendant quatre jours pour que la cour reconnaisse que Roger Bontems n'avait tué personne. La cour l'a reconnu. La cour l'a condamné à mort."

Il n'échouera pas cette fois parce que, en une heure trente, il saura forcer les jurés – "Vous êtes seuls et il n'y aura pas de grâce présidentielle", – il saura les prendre un à un : "Vous, vous et vous", et les emmener face à la peine de mort, devant la guillotine. Pas l'abstraction de la condamnation : sa réalité. "Quand M. l'avocat général demande la peine de mort, c'est à vous, après, qu'il la laissera. Vous êtes seuls ; vous seuls ici avez le droit de vie et de mort sur quelqu'un. Cela vaut bien, dans une vie de femme et d'homme, qu'on y réfléchisse à deux fois. Si je dois y retourner avec Patrick Henry, il faut que je sache pourquoi et que vous le sachiez aussi."

Ni vengeance ni exemplarité.

La peine de mort, exemplaire ? "L'avocat général a dit trait pour trait ce que son prédécesseur disait il y a deux siècles à propos de la torture. Il vous demande de l'expédier avec un certificat 'normal, bon à exécuter'. Ce n'est pas vrai. Il y a des siècles que l'on dit cela, qu'on le répète de génération en génération et ce n'est pas vrai. Et s'il y a un endroit où on ne peut croire à l'exemplarité de la peine de mort, eh bien ! c'est ici ; où habitait Patrick Henry quand Buffet et Bontems ont été condamnés à mort ? Vous n'exécutez pas une fonction de défense sociale, avec cette fonction sanglante ; on apaise, on fait croire que l'on défend ; on trompe. À mort, à mort, c'est politiquement payant. Et moi je vous dis : Si vous le coupez en deux, cela ne dissuadera personne."

Alors, la peine de mort, une vengeance ? "Il y a l'horreur qui nous saisit. Et puis cette passion de vengeance naturelle et légitime des parents. Il vous est arrivé ce que je n'ai jamais vu dans une affaire. C'est que vous l'avez vécue jour à jour. Comme une constitution globale de partie civile. Cet homme, il nous fait d'autant plus horreur qu'il n'est pas, lui, venu d'ailleurs. Il y a une sorte de fureur d'exorcisme dans le cas Patrick Henry. On compte sur vous pour apporter des fagots dans cet exorcisme-là."

Ni vengeance, ni exemplarité, que reste-t-il alors de la peine de mort ? "L'horreur. Si vous le tuez, votre justice est injuste. Qu'est-ce que la justice quand la douleur des parents, quand les larmes d'une Mme Henry n'apaisent pas les larmes d'une Mme Bertrand ? La justice, elle, est la proclamation des valeurs d'une société ou elle n'est rien. Qu'est-ce donc qu'une société qui traîne la guillotine comme un bien de famille ? Qu'est-ce qui a légitimé le droit de tuer ?"

"Vous allez voter maintenant. C'est vous et vous seuls, et chacun de vos votes est acquis pour toujours. Et puis il y aura un autre crime affreux. Et puis vous y penserez. Et puis, il y aura l'abolition. Vous direz à vos enfants que vous avez condamné un homme à mort, même un tueur d'enfant, et vous verrez leurs regards." »

Une heure et demie sur ce ton, avec cette puissance. Dans l'assistance, certains pleurent. Trois jurés fondent en larmes. Badinter s'est assis, épuisé, vidé. Patrick Henry s'est levé. Le président : « Avez-vous quelque chose à déclarer ? » Patrick Henry : « Je vais essayer. Si j'avais pleuré tout au long des débats, on aurait dit que j'étais un lâche. Je n'ai pas pleuré, on va dire que j'étais un monstre. Je n'ai jamais pu m'extérioriser, mais tout se passe à l'intérieur. Les heures, les mois que je viens de vivre m'ont permis de beaucoup réfléchir. Je sais combien ce que j'ai fait est affreux. Je le sais mieux que tout le monde. Et je le regrette du fond du cœur. Depuis longtemps je voulais demander pardon aux parents de Philippe. Je voulais leur dire combien j'ai horreur de ce que j'ai fait et combien je souffre de ne plus pouvoir réparer. » Puis brusquement : « Je ne peux plus. » Il jette le micro.

Une heure trente de délibéré. La cour revient. Le président Sagols lit les réponses. Six oui. Six fois coupable. Un septième oui – les circonstances atténuantes. On n'oubliera pas le cri poussé à cet instant par la mère de Patrick Henry. Lui, il rit et pleure, en même temps. Le président : « Patrick Henry, la cour a fait preuve à votre égard d'une grande mansuétude. Puissiez-vous ne pas la décevoir, nous comptons sur vous. » Patrick Henry : « Vous n'aurez pas à le regretter. »

Dehors des cris : « À mort l'assassin ! Justice pourrie. »

Badinter est apaisé. Pourquoi Bontems, qui n'avait pas tué, a-t-il été guillotiné alors que Patrick Henry, lui, a sauvé sa tête ? « Plus que jamais je combattrais cette loterie sanglante », écrira Badinter.

Une vie vouée à la défense d'une cause. Plus rien d'autre ne compte vraiment – ni la famille, ni les amis, ni la politique, ni ce cabinet d'avocats qui fait l'admiration du Tout-Paris et où se traitent les plus belles affaires de la place. Rien d'autre que ce combat : sauver de la décapitation des assassins, souvent des « monstres », promis à l'échafaud. Un engagement corps et âme. Une épreuve aussi physique que psychologique. En effet, Badinter n'en a pas fini. Il le sait.

Plaider pour éviter la guillotine à Michel Bodin, précédemment condamné à la réclusion criminelle à perpétuité le 26 juillet 1977 à Nantes pour avoir battu à mort, mutilé et volé un retraité. Badinter doit

« s'évader » du palais de justice par les souterrains afin de ne pas être écharpé par la foule...

Plaider pour éviter la guillotine à Mohamed Yahiaoui, précédemment condamné à Versailles en décembre 1978 à la réclusion criminelle à perpétuité pour avoir tué un boulanger et son épouse.

Plaider pour éviter la guillotine à Michel Rousseau, précédemment condamné à la réclusion criminelle à perpétuité à Amiens en janvier 1979 pour avoir tué un enfant sous l'emprise de l'alcool.

Plaider pour éviter la guillotine à Jean Portais, précédemment condamné à Dijon le 2 mars 1979 à la réclusion criminelle à perpétuité pour avoir tué la fille d'une bijoutière et un policier.

Plaider pour éviter la guillotine à Norbert Garceau, précédemment condamné à Toulouse le 12 mars 1980 à la réclusion criminelle à perpétuité pour avoir tué un collègue de travail.

Cinq condamnés à mort dont les peines ont été « cassées » par la Chambre criminelle de cassation. Cinq nouveaux procès. Cinq « victoires ».

Et la sixième fois, il refuse. Philippe Maurice, un prisonnier en permission, a tué en 1980 un vigile et deux policiers. Il se retourne vers Badinter qui décide de ne pas aller devant la cour d'assises de Paris. Il croit en la victoire de François Mitterrand, dans quelques mois, en mai 1981, et sait donc garantie une éventuelle grâce.

Le 28 octobre 1980, Philippe Maurice est en effet condamné à mort. Valéry Giscard d'Estaing s'est engagé à attendre le résultat de la prochaine élection présidentielle afin que le vainqueur, quel qu'il soit, puisse prendre sa décision en toute liberté.

Le 11 mai 1981, au lendemain du second tour, Robert Badinter rend visite à Philippe Maurice pour lui annoncer sa grâce « probable ». Il lui conseille de reprendre ses études. Le 25 mai, François Mitterrand, président de la République, commue la peine de mort de Philippe Maurice en réclusion criminelle à perpétuité. C'en est fini pour Badinter. Presque… À Élisabeth, son épouse, il avait dit, quelques semaines plus tôt : « C'est simple, soit Mitterrand sera élu et la peine de mort abolie, soit Giscard gagnera et je claquerai du cœur à l'audience. »

CHAPITRE VI

Le « ministre des assassins »

Depuis l'affaire Patrick Henry, le courrier que reçoit Robert Badinter exprime la haine. Après le procès, le préfet de police lui avait proposé de faire assurer sa protection. Il avait décliné l'offre. Du côté des abolitionnistes, un nouvel élan avait été donné. Le Syndicat de la magistrature, qui selon la droite regroupe les « juges rouges », les plus contestataires, lance une campagne de pétition en faveur de l'abolition immédiate. L'opinion publique, près de 83 % d'après un sondage, se déclare, elle, imperturbablement favorable à la peine de mort. Si l'affaire Patrick Henry semblait avoir sapé les fondements de la peine capitale et voyait monter une ferveur abolitionniste, le combat était pourtant loin d'être gagné. Lucide, Badinter le sait.

Le 23 juin 1981, l'annonce de sa nomination à la tête du ministère de la Justice a l'effet d'une onde de choc et déclenche une avalanche d'attaques *ad hominem.*

Les différents journaux d'opposition, et d'abord *Le Figaro* à l'accoutumée plus modéré, moins violent, plus élégant mais aussi le *Quotidien de Paris* dirigé par le journaliste-maestro Philippe Tesson, se déchaînent : ce choix leur est insupportable ! Les éditorialistes à la plume répressive se lâchent. « L'avocat des assassins, vocifèrent-ils de concert, s'est installé place Vendôme. » Selon *Le Figaro*, « la justice est en démolition » ! Et le *Quotidien* d'ajouter : « Le ministre appartient à la catégorie des intellectuels pensifs et pleureurs ! Videz les prisons, tel est le mot d'ordre lancé par Robert Badinter à ses magistrats. » Les élus de droite ne font pas davantage dans la nuance. Christian Bonnet, ex-ministre de l'Intérieur sous Giscard, outrepassant sa fonction démocratique d'opposant, choisit de se montrer odieux : « Maître Badinter est plutôt le reflet – et rien que le reflet – de ce que Guy de Maupassant appelait déjà "la moisissure d'une certaine société parisienne évoluée". » Quant au célèbre général Bigeard, qui vient de perdre son siège de député (giscardien) en Meurthe-et-Moselle, il en rajoute : « En Allemagne, ils ont la bande à Baader [des terroristes-tueurs d'ultra-gauche], nous en France avons la bande à Badinter. » Interrogé par l'un des auteurs, alors journaliste au *Matin de Paris*, le nouveau ministre se contentera de ce commentaire lapidaire : « Bigeard rimera toujours avec connard » ! Et puis il faut compter avec les multiples sorties de l'ex-ministre de la Justice du général de Gaulle, le député du Maine-et-Loire Jean Foyer, « penseur » de la droite en matière de justice : « Il faudra nettoyer la chancellerie. » Oui, « nettoyer », des hommes et des femmes, des magistrats, des fonctionnaires, les « nettoyer » parce qu'ils acceptent, avec enthousiasme pour la plupart, de travailler sous les ordres de Robert Badinter. Puisqu'ils œuvrent aux côtés du nouveau ministre, ils se retrouvent, par définition, illégitimes. « Il faudra enlever le pouvoir à ceux qui l'ont usurpé », confirme Foyer. La gauche au pouvoir, Badinter ministre de la Justice, une sorte de putsch ! À la première occasion venue, le ministre fera rendre gorge à Foyer exigeant des excuses publiques ; et les obtenant. Mais ce qui est dit est dit, trahissant une pensée, une conviction. Les propos les plus vils viendront toutefois du député de Paris, Édouard Frédéric-Dupont : « Vous avez transformé le ministère de la Justice en véritable comité de défense des assassins. » De tout cela, Pierre Mendès France avait prévenu Robert Badinter quelques jours après qu'il eut accédé au gouvernement : « La haine et le mensonge ne vous lâcheront pas. » Il n'en faut pas moins retenir le ton de ces attaques, le mépris, l'injure. Cette pente de s'en prendre à ce « grand bourgeois fortuné ». Personne n'ose ajouter « juif »... Ses contempteurs, modérés et ultras confondus, savent que ce ministre-là ne se contentera pas de discourir, qu'il compte agir, fort et vite, appuyé sur des principes qu'il a maintes fois exposés : « Mon éthique n'a jamais varié, elle est la même depuis ma première année d'études universitaires. De quelque façon que l'on regarde ce que j'ai fait, j'ai le sillon droit. Je ne changerai jamais. » Raide, Badinter ? Certainement. Le ministre le sera lui aussi. Cette ligne ferme et maintenue explique en retour la virulence, la violence des opposants, dès le premier jour, dès l'instant de sa nomination redoutée par les conservateurs de la justice, nombreux, puissants, influents, organisés, vindicatifs.

Ils savent pertinemment, ces opposants, que Badinter s'empressera d'effacer l'œuvre répressive d'Alain Peyrefitte, l'homme de la loi « Sécurité et liberté », cette loi honnie par l'ensemble de la gauche, cette loi qui antagonise sécurité et liberté, qui privilégie la sécurité à la liberté, cette loi que Robert Badinter estime « liberticide » et qu'il entend combattre et, en réalité, détricotera, effacera. Pendant la campagne présidentielle, les questions de justice ont été au cœur du débat électoral. Plus la date de l'élection approchait, plus Alain Peyrefitte, le garde des Sceaux, mesurait le bénéfice politique qu'un parti de droite pouvait tirer de l'insécurité grandissante. Cette angoisse avait gagné les Français. À l'inverse, la gauche, traitée de laxiste, défendait la liberté, les libertés. Une vive polémique s'engageait alors entre Peyrefitte et Badinter.

Dans l'esprit de la droite, Robert Badinter installé place Vendôme, c'est la certitude que François

Mitterrand a choisi de ne pas composer en matière de justice. Le combat sera idéologique, culturel, politique, donc violent. Pourtant, rien dans cette nomination n'a été simple. La constitution d'un gouvernement de la Ve République s'apparente toujours à la construction d'un puzzle. Mais tout particulièrement quand le retors François Mitterrand élabore le premier gouvernement de la gauche au pouvoir. Il s'apprête à accorder tant de récompenses et de hochets...

Quarante-huit heures après la victoire du 10 mai 1981, le nouveau Président téléphone à son ami Badinter qui l'accompagne en politique depuis deux décennies déjà. « Il m'a fait une tirade, me reprochant d'avoir disparu... Je lui ai répondu que j'avais fini mon rôle auprès de lui, et qu'il devait désormais tenir le sien, chef de l'État. Il m'a alors proposé de venir déjeuner à son domicile, rue de Bièvre. » Autour de la table, outre Robert Badinter, Michel Crépeau, maire de La Rochelle et leader des Radicaux de gauche, indéfectibles alliés du PS, et Jean Daniel, le directeur du *Nouvel Observateur*. « C'était l'heure où Mitterrand distribuait les portefeuilles, raconte Badinter, je le savais et je ne pouvais m'empêcher d'y songer. Jean Daniel a pris congé et Mitterrand m'a dit : "Si vous n'avez rien de mieux à faire, attendez-moi quelques instants..." Alors, je suis descendu me promener sur les quais de Seine et, en revenant, j'ai vu sortir Crépeau, le visage fermé, pas très content… Je me suis dit qu'il n'avait pas obtenu ce qu'il désirait ».

Et Robert Badinter ?

Depuis quelques semaines, personne autour de Mitterrand n'en doute : Badinter sera nommé ministre de la Justice. Cela semble d'autant plus évident que le candidat Mitterrand, interrogé à la télévision le 16 mars 1981, quelques semaines avant le premier tour, avait enfin éclairci sa position sur la peine de mort : « Dans ma conscience, dans la foi de ma conscience, je suis contre. » Et Mitterrand de préciser que, s'il est élu, il fera abolir au plus vite la peine capitale. Badinter n'en doutait pas. Mais il valait mieux que cet engagement soit pris devant des millions de téléspectateurs. Car rien, jamais, n'est acquis en politique. Face à deux tiers des Français favorables à la peine de mort, se prononcer en faveur de son abolition risquait-il de compromettre les chances de succès pour la gauche ? Préparant le débat télévisé avec Giscard, Badinter avait mis en garde Mitterrand. Le sujet sera abordé, et il était indispensable d'avoir une réponse millimétrée. De quoi rendre nerveux le candidat le matin de l'émission : « Laissez-moi tranquille avec votre obsession. Assez de cette histoire de peine de mort, ça n'intéresse pas les Français ! » Badinter rédige une note, avec quelques citations tirées des textes des trois religions monothéistes, de grands écrivains que le candidat apprécie, sans négliger, bien entendu, de se référer à Jaurès et à Blum. Puis il se rend au domicile de Mitterrand, rue de Bièvre, et demande à sa secrétaire de glisser cette fiche dans le dossier qu'il lira avant le débat.

À quelques instants du terme de l'émission, Alain Duhamel lui demande de préciser sa position sur la peine de mort. Chez lui, concentré devant sa télévision, Badinter remarque que Mitterrand, à ce moment précis, cligne des yeux. Un signe de nervosité. « Et là, je me suis dit : pourvu qu'il ne sorte pas une de ses formules élégamment ambiguës dont on comprend mal la conclusion. Mais il a affirmé – tout le monde s'en souvient encore – que, malgré l'opinion dominante, il était contre la peine de mort. Il a fait preuve de courage et d'intuition politique. Non pas qu'il espérât conquérir des voix, au contraire. Mais ainsi, il démentait cette accusation de machiavélisme en permanence portée contre lui. Il montrait que, sur une question essentielle, il était d'abord un homme de conviction. »

Car François Mitterrand venait de loin, Robert Badinter le savait mieux que quiconque. Du 1er février 1956 au 21 mai 1957, il fut ministre de la Justice sous la IVe République dans un gouvernement dirigé par le socialiste Guy Mollet. Au plus fort de la guerre d'Algérie, à l'inverse de Pierre Mendès France ou de Gaston Defferre, il ne s'opposa pas à l'exécution de nombreux militants FLN. Au même moment, l'avocat Badinter défendait des partisans de l'indépendance. Mitterrand refusa par exemple la grâce de Fernand Iveton, un jeune militant communiste qui avait simulé un attentat en plaçant une fausse bombe dans un tuyau d'une usine. Iveton fut guillotiné et certains, à gauche, ne le pardonnèrent jamais à Mitterrand. Mais, cette fois, l'essentiel est acquis : Mitterrand abolira la peine de mort et qu'importe en conséquence qui sera nommé garde des Sceaux. Badinter se souvient de leur échange rue de Bièvre : « Je ne lui ai pas laissé le temps de prendre la parole : monsieur le Président, que les choses soient simples, pour moi, c'est la Justice ou rien. Il m'a aussitôt répliqué : "Non, je l'ai promise à Maurice. – Alors, n'en parlons plus, lui ai-je dit, Maurice, c'est un excellent choix." J'ai eu la prudence de filer au plus vite sans lui demander à quel autre portefeuille il avait songé pour moi. En réalité, j'étais soulagé. » Ce n'était pas vrai, il était déçu. Mais Robert Badinter, toujours, porte beau.

La plupart des électeurs de Mitterrand ont oublié Maurice Faure, député du Lot durant des décennies, président du conseil général, maire de Cahors, multiministre sous la IVe République, longtemps président du Parti radical-socialiste. Un intime du Président – les deux hommes se tutoient en privé, une pratique rarissime chez Mitterrand. Une vieille promesse faite à Maurice ? La nécessité d'incarner une aile droite pour équilibrer une majorité socialo-communiste

Été 1931. Robert (à gauche), 3 ans, et son frère aîné, Claude, au bord de la mer.
© Collection particulière

1940. La grand-mère maternelle adulée, Idiss, et son fils Naftoul réfugiés à Nantes.
© Collection particulière

1940. La famille Badinter au complet (de gauche à droite, Robert, Simon le père, Charlotte la mère et Claude le frère aîné) dans les rues de Nantes.
© Collection particulière

1953. Dans l'ombre de son patron Henry Torrès, Robert Badinter, à 25 ans (à droite).

14 novembre 1972.
À la porte de l'Élysée où, en compagnie de son confrère Philippe Lemaire, Robert Badinter a demandé la grâce de Roger Bontems au président Pompidou. La grâce sera refusée.

18 janvier 1977.
À la sortie de la cour d'assises de Troyes, Robert Badinter vient de plaider pour Patrick Henry, un tueur d'enfant. Il lui évitera la peine capitale.

1979. À son cabinet
rue du Faubourg-Saint-Honoré.

1981. Entre les deux tours de l'élection présidentielle, François Mitterrand entouré du prochain Premier ministre Pierre Mauroy et du futur ministre de la Justice.

24 juin 1981. Robert Badinter à la sortie de son premier Conseil des ministres.

17 septembre 1981. Robert Badinter prononce à la tribune de l'Assemblée nationale le célèbre discours précédant le vote qui abolit la peine de mort.

© Keystone-France/Gamma-Rapho

17 septembre 1981. Élisabeth Badinter dans les tribunes du public de l'Assemblée nationale au moment où son mari demande l'abolition de la peine de mort.

© AFP/Pierre Guillaud

30 mai 1985. Mitterrand-Badinter, une amitié indéfectible.

© AFP/Pierre Verdy

De 1986 à 1995. Président du Conseil constitutionnel, il renforcera considérablement l'influence de cette institution de la République.

Aujourd'hui encore, chacune des interventions publiques et médiatiques de Robert Badinter provoque attention et émotion.

toute-puissante à l'Assemblée nationale ? Une façon de ne pas prendre à rebrousse-poil les partisans du tout-répressif, nombreux et puissants ? Tout cela a certes pesé dans ce choix qu'une grande partie de la gauche, en particulier la gauche judiciaire, trouva étrange, décevant. L'avocat de gauche Henri Leclerc, abolitionniste fervent, attaque bille en tête, exigeant de Maurice Faure, bien silencieux depuis sa nomination, une « franche rupture avec la politique Peyrefitte ». Et le Syndicat de la magistrature cogne lui aussi. Quant au député RPR, l'influent Jean Foyer, il se réjouit de la présence place Vendôme de Maurice Faure lequel avoue en privé que la loi « Sécurité et liberté » « ne serait pas si détestable que cela ». Comme si la gauche au pouvoir avait déjà renoncé aux grandes réformes de la justice. Le cynisme dont ses détracteurs gratifient volontiers François Mitterrand aurait-il déjà repris le dessus ? Badinter se refuse aujourd'hui encore à tout commentaire, sinon cette remarque sibylline : « Il avait choisi un autre que moi, et c'était son droit le plus légitime. Je suis donc retourné rue du Faubourg-Saint-Honoré ; mais au cabinet. Et j'allais continuer mon métier d'enseignant. »

Aux premiers jours de juin 1981, cette période magique pour la gauche, Badinter plaide au nom de la Ligue internationale contre le racisme et l'antisémitisme (Licra), laquelle s'est retournée contre le négationniste Robert Faurisson qui, dans deux articles publiés l'un dans *Le Monde*, l'autre dans *Le Matin de Paris*, avait nié l'existence des chambres à gaz et du génocide des Juifs. Plaidoirie puissante : « Il ne vous restait, en présence de la vérité, que ce qui est le prix du faussaire ; il ne vous restait, en présence des faits, qu'à les falsifier ; en présence des sources, à ne pas vouloir les examiner ; en présence des témoins, à refuser leurs dires… Face à la vérité, M. Faurisson et ses amis n'avaient que le choix d'être des faussaires, et c'est le parti qu'ils ont adopté en se drapant dans une dignité qui n'était pas la leur, celle de la science historique… Avec des faussaires, on ne débat pas, on saisit la justice et on les fait condamner. » Pour Robert Badinter, cette obligation politique et morale – combattre pied à pied les négationnistes – est aussi une douleur. En être là, toujours, moins de quarante ans après la libération des camps d'extermination, constater que le négationnisme progresse… Mais il ne se doute pas qu'il vient de prononcer sa dernière plaidoirie. Il est attendu le 23 juin 1981 devant la chambre d'instruction pour un dossier sans grande importance. À l'ouverture de l'audience, le président remarque son absence. « Comme d'habitude, grince le magistrat, maître Badinter est en retard »… Philippe Lemaire, qui plaide avec lui ce jour-là, lâche à voix basse : « Je crois savoir, monsieur le Président, que maître Badinter a été appelé dans la nuit à d'autres fonctions… »

Nul en effet ne pouvait prévoir qu'entre la formation du premier gouvernement Mauroy et les élections législatives anticipées fin juin 1981 – soit moins d'un mois –, Maurice Faure n'aurait qu'une hâte : fuir le ministère de la Justice. Trop de tension, trop de difficultés, trop de travail. Comme son ami Mitterrand, Faure est un épicurien, un jouisseur qui apprécie les plaisirs de la table et les promenades en galante compagnie. Le Président ne cherche pas à retenir Maurice Faure. A-t-il une hésitation au moment de désigner son successeur ? Sans doute pas, mais le Premier ministre Pierre Mauroy pousse, lui, à la nomination d'un de ses proches, le socialiste André Chandernagor – il obtiendra le portefeuille des Affaires européennes – tandis qu'un autre « compagnon de route » du nouveau Président, l'avocat Roland Dumas, ne refuserait pas une nomination place Vendôme. Face au chef du gouvernement, Mitterrand désamorce l'hypothèse Chandernagor : « Vous ne croyez pas que ce serait quand même mieux, Badinter ? » Et cette nomination satisferait ce « peuple de gauche » qui avait envahi les rues de France le 10 mai 1981 à 20 heures. Mitterrand fait savoir sa décision à Badinter par l'intermédiaire d'un ami commun, Charles Salzmann. Auprès de Salzmann, Mitterrand ne peut s'empêcher de faire du… Mitterrand : « Charles, on me dit que Robert souhaiterait être ministre de la Justice… Est-ce vrai ? » Salzmann avertit Badinter et obtient formellement son accord. Mitterrand peut alors l'appeler lui-même : « Alors, monsieur le garde des Sceaux, vous êtes satisfait ? Élisabeth [Badinter] est contente ? » Satisfait, peut-être, mais surtout ému : ministre de la République, ministre de la Justice. Badinter a alors une remarque en tête, celle de Léon Blum à l'occasion d'une conférence sur Jaurès en 1933 : « Le socialisme, en définitive, c'est très simple. C'est un amour de la Justice et c'est une exigence de solidarité. »

Badinter pourtant ne veut pas être dupe : il est heureux que la gauche – et Mitterrand – arrive enfin au pouvoir en Ve République. Mais il est convaincu qu'il est tard, que la France était paradoxalement plus à gauche sept ans auparavant, en 1974, quand Giscard avait triomphé. C'eût été alors plus aisé de réformer la justice, cette « cathédrale » selon le mot de l'écrivain Georges Bernanos que Badinter aime tant citer. Au milieu des années 1970, la société française était encore habitée du souffle libertaire de Mai 1968. Désormais, il faudra agir contre un corps social travaillé dans ses tréfonds par un besoin pressant de sécurité.

Il n'est donc dupe ni des difficultés ni du contexte quand, mercredi 24 juin 1981, il s'installe pour la première fois à la table du Conseil des ministres. Il ignore tout de la vie ministérielle et parlementaire. À la place qui lui est réservée autour de l'immense table, il est en face du Président et encadré d'un rallié de la dernière heure, l'ex-secrétaire général de l'Élysée sous Georges Pompidou, Michel Jobert, ministre d'État en charge du commerce extérieur, et d'une vieille connaissance, le ministre de la Défense Charles Hernu, l'un des plus anciens compagnons politiques de François Mitterrand. Badinter est arrivé à pied dans la cour de l'Élysée et la multitude de photographes ne s'est guère intéressée à lui. Ceux-ci guettent en effet les véritables vedettes de cette journée historique, les quatre nouveaux ministres communistes, Charles Fiterman (Transports), Jack Ralite (Santé), Anicet Le Pors (Fonction publique) et Marcel Rigout (Formation professionnelle). À ce premier Conseil, il ne pipe mot, se contente d'observer, surtout Mitterrand. Il l'écoute saluer l'arrivée des ministres communistes ; appeler à l'union sans faille de la majorité ; signifier qu'il faut éviter toute fuite, tout ragot… Rien que de traditionnel, rien de palpitant. Mais durant ce premier Conseil des ministres, Badinter songe fréquemment à son père, arrivé de la Bessarabie et qui éprouvait une passion pour la France et sa langue. « J'étais assis à la table de la République avec ce Président qui parlait un si beau, un si bon français. Je me suis dit que j'étais là pour servir cette république que mon père aimait tant. »

Et sa mère, comment réagit-elle à cette consécration ministérielle ? Elle devait être fière de son fils… Il sourit : « Heureuse, cela va de soi, mais elle détestait tant la gauche, et elle exécrait Mitterrand.

Elle n'aimait que de Gaulle. Son idéal aurait été que je sois ministre du Général... Alors elle m'a dit que j'aurais "mieux fait de m'abstenir". Elle ne supportait pas ce gouvernement... Elle savait aussi que ce ne serait pas facile pour moi car elle était une lectrice attentive du *Figaro* » – qui attaquait son fils sans le moindre répit.

Dans son bureau place Vendôme, il installe à côté d'un coffret en acajou contenant les sceaux de la République... un petit Schtroumpf en caoutchouc, cadeau de son fils cadet. Il s'agit ainsi de combattre « la tentation de vanité qui guette l'occupant temporaire des lieux historiques du pouvoir ». Et il ajoute une photo de Torrès ainsi qu'un dessin le caricaturant lors d'une audience. Tout est en place pour agir.

Dès son arrivée, l'austère Badinter, « peu sensible à la bonne chère », fait savoir qu'on ne « banquettera plus à la table du garde des Sceaux ». C'était pourtant l'usage au temps de son prédécesseur, Alain Peyrefitte, qui y recevait élus, éditorialistes et électeurs de Provins. Aujourd'hui encore, Badinter en rit : « Chaque année, je gagnais le prix de la plus mauvaise cuisine ministérielle de Paris. Je faisais servir steak grillé et carottes râpées, rien de plus. » Mais il a réfléchi au motif de cette radinerie : en Europe occidentale, les détenus français sont les moins bien traités. Il ne peut donc être question que le train de vie de la Chancellerie soit fastueux.

Avec Maurice Faure, heureux d'être débarrassé de ce fardeau, la passation de pouvoir ne dure que quelques instants. Le temps pour le sortant de lui certifier que « jamais le Président ne lui a parlé de l'abolition de la peine de mort ». Et d'ajouter : « Comme ça, c'est vous qui l'abolirez. » Badinter y compte bien, mais pas seulement... S'installant place Vendôme, il a en tête le précepte jadis édicté par Pierre Mendès France : « Un ministre dispose de cent jours pour agir. » L'état de grâce selon Mitterrand. Il doit donc faire vite, d'autant plus qu'un ministre peut sauter à tout moment, lui comme les autres. Il ne peut pas savoir qu'il échappera à cette règle d'airain puisqu'il restera en place du 23 juin 1981 au 19 février 1986, soit quatre ans, sept mois et vingt-six jours – une éternité en Ve République et plus particulièrement à ce poste, l'un des plus exposés. Il a pris soin d'avertir ses collaborateurs : « Vous allez devoir vous habituer à faire partie du ministère le plus détesté des Français ! » Quelques jours après sa nomination, il convoque une première conférence de presse. Le programme présenté ce jour-là, s'il a de l'allure, n'est pas révolutionnaire, même s'il annonce plus et mieux que de simples réformes.

Le ministre, au-delà de la suppression de la peine de mort qu'il fera examiner par l'Assemblée nationale et le Sénat dès la rentrée parlementaire, en septembre 1981, entend réformer, transformer, moderniser, donner du sens ; abroger ce qu'il appelle les « lois indignes » : suppression de la loi « Sécurité et liberté » et de la loi anticasseurs ; disparition des juridictions d'exception ; possibilité pour tout citoyen de saisir la Cour européenne des droits de l'homme ; suppression des articles de loi discriminant les homosexuels – notamment l'âge de la majorité sexuelle ; réduction du nombre de détenus pour lutter contre la surpopulation carcérale ; réforme du Conseil supérieur de la magistrature pour y réduire l'influence du gouvernement, notamment dans la nomination de ses membres ; élargissement du droit des victimes. Une démarche authentiquement réformatrice. Estimant la situation dans les prisons « explosive », il annonce des mesures à court et moyen terme pour y remédier. La plupart des journalistes sont pour une fois impressionnés : enfin un ministre qui n'entend pas céder aux courants dominants, lesquels privilégient plus que jamais la répression ; enfin un ministre disposé à affronter si nécessaire l'opinion publique.

Il est donc indispensable qu'il s'entoure d'un cabinet lui aussi « réformiste ». Badinter refuse pourtant de se livrer à une « chasse aux sorcières » au sein du ministère. De bons professionnels qui ne partagent pas forcément ses idées peuvent rester en place à condition qu'ils ne cherchent pas à entraver les changements. Tel est le principe retenu. Mais un cas mérite qu'on s'y arrête, celui de Raoul Béteille, directeur des affaires criminelles et des grâces, homme lige du prédécesseur Alain Peyrefitte et principal concepteur de la loi « Sécurité et liberté ». Pas question de maintenir en place celui qui avait un jour aboyé : « Badinter videra les prisons et peuplera les cimetières ! » Le magistrat n'attendra même pas son renvoi ; il choisit de partir au plus vite. Mais il n'est pas isolé au sein de la magistrature et il crée aussitôt un syndicat « anti-Badinter », l'Association professionnelle des magistrats (APM). C'est dire si le combat s'annonce rude et violent. Y compris au sein du gouvernement. Et cela, Badinter ne s'y attendait pas...

Au même moment, le sondage Sofres pour *Le Figaro* est implacable : 62 % des Français sont favorables au maintien de la peine de mort. 62 % ! Pour les crimes atroces, les opinions favorables atteignent 73 %. Les abolitionnistes sont sur le point de triompher, mais ils ne sont pas parvenus à convaincre le peuple de France. Badinter ne modifie pourtant rien à sa stratégie : il veut abolir au plus vite. Il le réaffirme à la chroniqueuse judiciaire du *Monde*, Josyane Savigneau : « Il n'est pas possible de transformer la justice française en continuant de la marquer du sceau de la guillotine. La justice française ne peut plus être une justice qui tue. »

Il sait fort bien que le pouvoir dispose d'une majorité absolue à l'Assemblée nationale, qu'il ne manquera pas un député socialiste à l'appel, qu'une hypothétique résistance d'un Sénat conservateur n'y changera rien et que le projet d'abolition sera également soutenu, approuvé, voté même par quelques députés « éclairés » issus des rangs de la droite, en particulier... Jacques Chirac (président de la République, il fera inscrire en 2006 l'abolition de la peine de mort dans la constitution) ! Mais Badinter redoute la haine, la violence, les déchaînements, non pas seulement contre sa personne – il a désormais l'habitude et le cuir tanné. Mais il est d'ores et déjà accablé par un processus qui aiguisera davantage encore les déchirures françaises, celles d'une société n'ayant toujours pas renoncé à couper des têtes. Il est donc persuadé qu'il faut abolir au plus vite. Quand François Mitterrand arrive au pouvoir, il reste cinq condamnés à mort dans les prisons de la République. Badinter sait qu'ils seront graciés. Mais il ne souhaite pas que Mitterrand soit contraint à cette décision. Il obtient que l'Assemblée nationale soit appelée à se prononcer lors de la session extraordinaire de septembre 1981.

De sa main, il rédige l'article 1 de l'avant-projet de loi. Simplissime : « La peine de mort est abolie. » Il dit : « Je l'ai écrit moi-même avec tant de satisfaction. On aurait pu s'arrêter là. Tout le reste est en réalité sans intérêt. » Le 26 août 1981, le Conseil des ministres adopte un court projet de loi fait de sept articles, tous rédigés par le ministre. Badinter doit résister à un premier assaut du ministre de la Défense, Charles Hernu, exigeant des « réserves pour temps de guerre ». Badinter s'y oppose et obtient le soutien du Président ainsi que celui du Premier ministre, Pierre Mauroy. Le projet de loi « détricote » l'ensemble des articles qui, d'une façon ou d'une autre, dans le Code pénal, ont trait à la peine de mort. Aussitôt après ce Conseil, il déroule sa dialectique dans un journal télévisé : oui, il faut aller vite, par respect pour la justice, car à quoi bon laisser requérir une peine de mort destinée à disparaître ? Non, il n'y aura pas de peine de « remplacement ». On ne remplace pas un supplice, on le supprime. Pourquoi abolir la peine de mort quand la majorité est pour son maintien ? insiste le journaliste. Dans une démocratie, la majorité nouvellement élue doit tenir les engagements qu'elle a pris. L'abolition est un des engagements de François Mitterrand pendant la campagne. Toujours les mêmes arguments, et toujours la même force de conviction. Aucune lassitude chez Badinter à marteler ses convictions.

Ce 17 septembre 1981, il s'installe à la tribune du palais Bourbon. À sa place, en 1791, Le Peletier avait demandé l'abolition de la peine de mort, Lamartine, Hugo, Jaurès, Briand avaient à leur tour défendu cette cause. Jamais il n'avait imaginé un jour se trouver là. Tendu. Plus émacié que jamais. Il a bien entendu écrit au stylo plume chaque mot du discours qu'il s'apprête à prononcer. Pour cela, il s'est réfugié dans la maison de ses amis Paul Guimard et Benoîte Groult en Bretagne, deux intimes eux aussi de Mitterrand.

Quelques années plus tard, il offrira ce manuscrit original à la Bibliothèque nationale de France. Afin qu'il reste à jamais une trace de ce discours aux Français, et non pas seulement une nouvelle plaidoirie brillante, face à des députés en majorité convaincus. En réalité, il s'agit d'une adresse à tout un peuple dont la majorité demeure envers et contre tout favorable à l'exécution.

L'hémicycle est rempli, les tribunes du public, bondées. Au premier rang, son épouse, Élisabeth, et son collaborateur, l'avocat François Binet, compagnon de tous les procès. Il raconte, quatre décennies plus tard : « J'étais concentré, ému, ému de façon intense, je savais le moment important, historique. Mais cette tension n'avait rien de commun avec celle que j'éprouvais dans ces procès où se jouait la vie de celui que je défendais. »

La gorge sèche, il démarre : « J'ai l'honneur, au nom du gouvernement de la République, de demander à l'Assemblée nationale l'abolition de la peine de mort en France. » Puis il conclut de la sorte, une heure et demie plus tard : « Demain, grâce à vous, la justice française ne sera plus une justice qui tue. Demain, grâce à vous, il n'y aura plus, pour notre honte commune, d'exécutions furtives, à l'aube, sous le dais noir dans les prisons françaises. Demain, les pages sanglantes de notre justice seront tournées. » Lequel des Badinter s'est-il ainsi exprimé devant la représentation nationale ? Le ministre ? L'avocat ? Le professeur de droit ? Le militant abolitionniste ?

L'admirateur éperdu de Victor Hugo ? Il insistera sur le militant, mais ce jour-là, Robert Badinter ne s'appartient plus, à la fois individu et symbole, incarnation d'un combat qui réunit tous les humanistes.

Le lendemain, à 18 h 44, le projet de loi est adopté : 482 sur 487 députés ont voté. 369 voix en faveur de l'abolition. 113 voix contre.

Les communistes ont voté pour. Parmi les députés socialistes et radicaux de gauche, une seule voix contre. Sur les bancs de la droite, 16 députés UDR ont voté l'abolition, parmi lesquels Philippe Séguin, Jacques Chirac, Michel Noir, Jacques Toubon et François Fillon. Au sein du groupe UDF, 21 députés sur 62 ont approuvé. On relève parmi eux les noms de Jacques Barrot, Jacques Blanc, Pierre Méhaignerie, Olivier Stirn ou Bernard Stasi – depuis toujours abolitionniste. La droite de la droite ne supporte pas. Sans pourtant s'en émouvoir, Badinter découvre la sentence d'un obscur député giscardien : « Le 17 septembre 1981 restera la fête des assassins. »

Cette étiquette d'« avocat de criminels » le poursuivra. Il lit et relit ce message bienveillant de Mgr Lustiger, alors archevêque de Paris : « Chaque fois qu'un crime affreux se produira et que la passion de la mort se lèvera, comme on ne pourra pas tuer l'assassin, c'est vous qui prendrez moralement sa place. » Le ministre Badinter y est prêt, forcément, depuis que l'avocat Badinter a « sauvé la tête » de Patrick Henry.

Reste à convaincre le Sénat, très à droite. Un échec est prévisible. À défaut d'émouvoir les sénateurs, il doit éviter de heurter leurs convictions. Badinter choisit donc un angle d'attaque différent : la dimension européenne de l'abolition. Le maintien de la peine de mort en France paraît bien archaïque au regard des autres pays. Jouant sur l'attachement des sénateurs centristes et libéraux à la construction de l'Europe, il se contente d'un exposé raisonné et raisonnable non pas d'un discours passionné.

S'il ne parvient pas à obtenir la majorité au palais du Luxembourg, le vote des députés finira par prévaloir. Mais le ministre veut remporter cet ultime combat face à ces élus conservateurs. Ce sera donc trois jours de débat, les 28, 29 et 30 septembre 1981, sans aucune limite de temps. L'un de ses prédécesseurs place Vendôme, le célèbre Edgar Faure, tente même une ultime manœuvre et propose un amendement visant à maintenir la peine capitale pour les crimes les plus odieux (récidive, enlèvement et assassinat de mineur, meurtre d'un policier). Si l'amendement Faure est rejeté, alors les sénateurs adopteront l'abolition. L'ambiance est chaude au palais du Luxembourg – ce n'est pas courant –, le public nombreux et attentif, la tension et l'émotion si fortes qu'on en oublie d'enregistrer le discours du ministre. Une partie des élus de droite finit par s'aligner sur Badinter tandis que la gauche sénatoriale, minoritaire, fait bloc. Grâce à cette alliance, l'amendement Edgar Faure est rejeté ! Et, conséquemment, l'article premier – « La peine de mort est abolie » – adopté.

De ce moment précis au Sénat, de ce moment historique, et ils ne sont guère nombreux dans une vie d'avocat, de responsable politique et de ministre, voilà ce dont se souvient Robert Badinter : « Je regardai l'horloge : il était douze heures et cinquante minutes, ce 30 septembre 1981. Le vœu de Victor Hugo – "l'abolition pure, simple et définitive de la peine de mort" – était réalisé. La victoire était complète. Instinctivement, je me suis rapproché de la place de Hugo au Sénat. Et je me suis dit : eh bien, c'est fait… » Il s'est alors souvenu d'une remarque du « père » Hugo comme il l'appelle – « tant que la peine de mort subsistera, il n'y aura point de civilisation vraie ». Mission accomplie, Badinter a alors traversé le jardin du Luxembourg pour rentrer chez lui à pied. Quelques jours plus tard, le président de la République, le chef du gouvernement Pierre Mauroy, le ministre de l'Intérieur Gaston Defferre, le chef des armées Charles Hernu et le garde des Sceaux lui-même (avec un stylo Bic noir prêté par son directeur de cabinet) signent dans l'ordre protocolaire les exemplaires de la nouvelle loi. Après le Conseil des ministres, François Mitterrand retient quelques instants Robert Badinter. Il lui offre l'un des exemplaires originaux : « C'est pour vous, je sais que vous avez beaucoup travaillé pour ça… » La page est ainsi tournée, avec simplicité. Ni Mitterrand ni Badinter ne sont de grands démonstratifs. Le ministre a en tête Hugo, mais aussi Voltaire : « Les Français arrivent tard à tout, mais enfin ils arrivent… »

Pourtant, au sein du gouvernement, naît aussitôt une nouvelle polémique sur la création d'une éventuelle peine de substitution, en clair une véritable « perpétuité perpétuelle ». Le ministre de l'Intérieur, Gaston Defferre, très influent auprès de François Mitterrand, fait savoir qu'il y est favorable. Colère (à peine froide) de Badinter, vieil ami du maire de Marseille : « J'ai répliqué qu'aujourd'hui on abolissait, et point final. Nous n'étions pas là pour remettre en ordre le Code pénal ; c'était le jour, le grand jour, celui de l'abolition pure et simple, celui de l'abolition définitive. Alors j'ai expliqué qu'on ne substitue pas un supplice [la perpétuité perpétuelle] à un supplice [la peine capitale]… » Retors s'il le faut, Badinter rappelle à ses pairs ministres de gauche que le répressif Peyrefitte, la bête noire de la gauche, avait fait adopter, sous les quolibets des élus socialistes, une peine de sûreté de dix-huit ans, et non pas la « perpétuité perpétuelle »… « Si même Peyrefitte a estimé que ça suffisait, alors nous n'avons pas à en rajouter », tranche le garde des Sceaux. François Mitterrand lui donne raison.

Chapitre VII

À contre-courant

La peine de mort est abolie, sans retour en arrière possible. La tâche du ministre ne fait pourtant que commencer. Il ne se considère pas ministre, mais plutôt missionnaire, chargé d'imposer une conception humaniste de la justice. Ce n'est pas rien. Humaniste précisément, et non pas de gauche car, selon Robert Badinter, un système judiciaire n'est pas de droite ou de gauche ; il est humaniste ou répressif.

Badinter a tout fait pour être le ministre de cette politique-là, à contre-courant du syndrome sécuritaire travaillant la société française. Son « meilleur ennemi », l'ex-garde des Sceaux Alain Peyrefitte, en est convaincu ! Un hommage en forme de condamnation : « Je ne reproche nullement à M. Badinter d'être fidèle à ses convictions d'avocat d'assises. Il a parfaitement raison d'être fidèle à lui-même. Je reproche au président de la République de l'avoir nommé à ce poste. » La gauche est au pouvoir, et Robert Badinter, dans l'esprit des idéologues de la droite, reste l'adversaire principal, la cible prioritaire sur laquelle on peut décocher toutes les flèches. Même Jacques Chirac, qui avait voté l'abolition de la peine de mort, se déchaîne non sans une pointe de vulgarité : « Un élégant ministre de la Justice, lui, ne craint pas les agressions, il ne vit pas dans les quartiers où l'insécurité sévit et, sous les lambris dorés de son salon, il est naturellement facile de libérer les détenus… Mais il ne faut pas s'étonner ensuite, qu'entre cette impuissance et ce laxisme, on trouve la raison de l'augmentation de la criminalité et de la délinquance. » Quant à l'inévitable Jean Foyer, il en rajoute, dénonçant « la soviétisation de la justice sur un modèle stalinien ».

Dans ce climat lourd, avec une opinion publique plus proche de Chirac que de Badinter, ce (très long) passage à la Chancellerie fut, à chaque instant, complexe, difficile, à l'exception sans doute des deux premiers mois. Durant quelques semaines, Badinter marche en effet sur un nuage politique et idéologique. D'abord, il s'agit de mettre à bas les différentes juridictions d'exception, les fameuses lois scélérates. Ces lois n'étaient pas appliquées, mais il était nécessaire de les détruire, de les effacer. Par exemple, supprimer la Cour de sûreté de l'État – « une institution à la sud-américaine », raille Badinter – née sur les cendres de la guerre d'Algérie.

Ou encore effacer la loi anticasseurs qui avait créé, après les événements de Mai 1968, une sorte de responsabilité pénale collective. C'est fait et il en est satisfait – ce qui n'est pourtant pas son genre : « Je ressens très profondément l'insigne privilège de conduire cette grande tâche de libération judiciaire. » Libération judiciaire ! Rien que ça...

Les premiers écueils ne vont pourtant pas tarder. D'abord la loi d'amnistie, traditionnelle après chaque élection présidentielle (Nicolas Sarkozy y mettra fin en 2007). Répondant aux souhaits de François Mitterrand, de Pierre Mauroy et des députés PS ultra-majoritaires à l'Assemblée nationale, Maurice Faure, le prédécesseur de Badinter, l'avait prévue « large et généreuse ». À l'étonnement de ses collaborateurs, Badinter ne dissimule pas qu'il aurait souhaité une amnistie davantage restrictive. Plus de 5 000 prisonniers, selon les différents critères appliqués, sont ainsi élargis. Sans doute un tel mouvement était-il nécessaire, avant tout en raison du surpeuplement carcéral. Mais la gauche est aussitôt soupçonnée de toutes les indulgences. Et le « laxiste » Badinter portera cette croix de l'amnistie. Un voyou amnistié replonge ? C'est « un Badinter », clame l'opposition. « Un Badinter », une insulte...

En août 1981, des militants d'ultra-gauche d'Action directe, notamment leur chef Jean-Marc Rouillan, 29 ans, alors incarcéré pour des délits mineurs, sont libérés. Cela déclenche une tempête de protestations dans les rangs de la droite, qui stigmatise le « laxisme » de la majorité, évoquant même de troubles complicités entre le chef d'Action directe et le nouveau pouvoir, socialiste. Ce décret n'a pourtant rien d'exceptionnel, il est identique à celui de 1974 signé par Valéry Giscard d'Estaing.

En septembre 1981, la compagne de Rouillan, Nathalie Ménigon, qui avait ouvert le feu sur des policiers sans les toucher, est libérée elle aussi après une grève de la faim. Entrée aussitôt dans la clandestinité, elle demeure introuvable. Le ministre est « complice », forcément. Des indépendantistes corses liés au FLNC sont eux aussi graciés ? La faute à Badinter. Or il se trouve que le ministre de la Justice était opposé à ces mesures de clémence, qu'il considérait même comme une faute majeure. Il pressent en particulier la dérive meurtrière d'Action directe, dénonçant ces « petits-bourgeois schizophrènes qui s'investissent dans une mission et se veulent la conscience du prolétariat ». Et d'aller plus loin encore, sans dissimuler une volonté répressive : « Il faut les arrêter, les casser psychologiquement, ce sont des gangsters, des terroristes de droit commun, qui ne peuvent en aucune manière réclamer le statut de délinquant politique. » La suite lui donnera raison. Action directe, entre mai 1982 et décembre 1986, commet à Paris et dans la région parisienne une vingtaine d'attentats.

Le 25 janvier 1985, l'ingénieur général René Audran, directeur des affaires internationales au ministère de la Défense, est tué de huit balles de calibre 11.43 ; le 17 novembre 1986, Georges Besse, P.-D.G. de la régie Renault, est assassiné à son tour devant son domicile. Mais Badinter a dû s'incliner.

Il découvre aussi que le ministère de l'Intérieur a « négocié » (sans le tenir au courant) avec les chefs du FLNC une trêve des attentats contre l'élargissement de quelques prisonniers. Si les militants corses sont libérés, sous quel prétexte juridique aurait-il pu retenir Rouillan et Ménigon ? Badinter a pour règle intangible de respecter la solidarité gouvernementale, alors il assume cette décision qui l'inquiète : « C'est une amnistie très large, très généreuse, très humaine. Je précise aussi, parce que souvent le public ne se rend pas compte, que, bien entendu, nous avons pris toutes les précautions pour que les droits des victimes soient absolument sauvegardés. » Il sait fort bien qu'une majorité de Français n'en croit pas un mot, qu'il sera là encore tenu pour responsable de tout incidents. Voilà un changement dans la psychologie politique collective : jusque-là, le ministre de l'Intérieur, premier flic de France, était tenu pour responsable de la sécurité des citoyens ; désormais, le ministre de la Justice passe en première ligne. Un héritage de la période Peyrefitte. Si la France de gauche a trouvé sa référence, la France de droite, elle, sait désormais qui haïr, l'amnistie ne faisant que renforcer ce sentiment : Robert Badinter. Anecdote, bien sûr, mais qui l'aidera à prendre une conscience aiguë de ce décalage, sa mère, femme de droite, le sermonnera : « Mais pourquoi libères-tu tous ces assassins ? »

Des policiers sont molestés, blessés ou pire, tués... Leurs représentants syndicaux pointent aussitôt le responsable, le ministre de la Justice. En juin 1983, deux policiers en tenue sont abattus avenue Trudaine à Paris. On saura bientôt que le double crime est signé Action directe. Quel est le premier réflexe des policiers ? Manifester place Beauvau sous les fenêtres du ministre de l'Intérieur, leur chef Gaston Defferre ? Pas du tout. Ils se précipitent en cortège place Vendôme pour hurler leur haine anti-Badinter (saluts fascistes et bras tendu pour certains, cris antisémites pour d'autres, une minorité). Mille policiers qui vocifèrent « Badinter gangster ! », et leurs collègues, censés protéger le ministère et conséquemment le ministre, qui restent impassibles, sans réaction... Badinter supporte mal ce déchaînement, lui qui n'a jamais cessé d'expliquer, notamment à ses étudiants, que la police républicaine était un pilier essentiel de la démocratie. Dès sa nomination, il avait tenu à affirmer que « jamais il n'accorderait de libération conditionnelle à quelqu'un ayant tué un policier ». Derrière une fenêtre du ministère, il a pris l'habitude d'observer ces manifestations. Au journaliste

Ivan Levaï, il confie son désarroi : « Il y avait des visages pleins de haine, des invectives, des cris, et puis au milieu de *La Marseillaise*, d'un seul coup, aux mots "l'étendard sanglant est levé", j'ai vu un certain nombre de bras se tendre. Ça a été comme un retour de l'histoire, tous ces bras levés, dressés, tendus, dans le salut qu'on connaît bien. » Son quotidien, ce sont aussi des lettres d'injures, fréquemment antisémites, ou encore une manifestation des chauffeurs de taxi à la porte de son domicile privé, après l'assassinat de l'un d'entre eux. Mauvais climat. Lui, si pudique à l'accoutumée. Mais il finit par passer aux aveux lors d'un congrès du Syndicat national de la magistrature en 1982. Une phrase, une seule, mais cette mini-confession exprime bien le trouble qui l'habite : « Jamais je n'ai eu le sentiment d'une telle solitude. »

Sa situation est d'autant plus délicate qu'au sein du gouvernement, il existe des oppositions à la ligne Badinter. Le ministre serait trop laxiste en matière de sécurité, indifférent à ces Français souffrant de la délinquance au quotidien. Il serait temps que la gauche au pouvoir se préoccupe de ceux-là et que, en conséquence, elle refrène les ardeurs « humanistes » du garde des Sceaux. Le ministre de l'Intérieur, Gaston Defferre, tout aussi puissant auprès de François Mitterrand que Robert Badinter, tout aussi intime du président de la République que le ministre de la Justice, est le tenant le plus ardent de cette ligne « dure », proche des thèses de la droite. L'affrontement est d'autant plus fort que les deux hommes sont amis depuis trois décennies. Mais Defferre considère que Badinter nuit aux intérêts politiques et électoraux du PS, de François Mitterrand. Le conflit s'était déjà aiguisé au moment de l'abrogation de la loi « Sécurité et liberté ». Defferre, en réalité, n'y était guère favorable, alors que la gauche en avait fait l'un des symboles à abattre du monde « d'avant ».

Defferre souhaitait que la gauche revienne sur ces engagements, au nom du réalisme. Mais Badinter ne cèdera pas : il considère, lui, qu'effacer « Sécurité et liberté » reste une priorité, à la fois idéologique, éthique et symbolique. Il lui faut batailler longtemps au sein même du gouvernement et de la gauche pour y parvenir. Bienvenue dans le monde réel de la « vraie » politique – celle que goûte Gaston Defferre, celle que ne néglige pas non plus François Mitterrand, celle qui est, reste et restera étrangère à Badinter.

Abolir « Sécurité et liberté », ce sera fait, non pas en 1981, mais le 10 juin… 1983, deux ans plus tard. Pourquoi une si longue attente ? Pour des raisons de calendrier parlementaire d'abord, la priorité étant donnée à l'adoption des nombreuses réformes sociales, en particulier les lois Auroux, les 39 heures ou la cinquième semaine de congés payés. Pour autant Badinter n'est ni dupe ni naïf : il sait que Gaston Defferre insiste auprès du Président pour que le gouvernement « oublie » de revenir sur la loi Peyrefitte. Le maire de Marseille, « sécuritaire » de service, pense de la sorte rassurer les policiers et la majorité des Français. C'est ainsi qu'au printemps 1982, les deux ministres vedettes du gouvernement s'affrontent, avec rudesse, à propos des contrôles d'identité, l'une des dispositions essentielles de « Sécurité et liberté ». Le ministre de l'Intérieur préconise que les policiers puissent continuer les contrôles d'identité en toute liberté, sans encadrement lourd, sans être contraints d'en passer par l'accord de l'autorité judiciaire ; Badinter défend le point de vue inverse : contrôle d'identité, cela va de soi, mais quand il existe des soupçons sérieux et dans un contexte clairement défini. Le conflit est d'autant plus âpre que Defferre exige le maintien d'une autre disposition : le droit pour les policiers de faire usage de leurs armes à feu à l'égal des gendarmes, au-delà de la seule légitime défense. Badinter s'y oppose. Formellement. C'est à ce sujet que l'affrontement est violent entre les deux ministres. Confidence de Robert Badinter : « Gaston avait un défaut grave : il parlait toujours trop ! Lors d'une réunion avec les syndicats des commissaires de police, il avait promis que les policiers allaient être autorisés à utiliser leurs armes dans les mêmes conditions que les gendarmes. Ça m'a rendu fou. Je savais que le policier de base n'était pas aussi bien entraîné au maniement des armes que le gendarme. Le contrôle d'identité, tel que Gaston le souhaitait, était absurde ; mais ce n'était pas aussi grave que de donner aux policiers de base la possibilité de tirer comme les gendarmes. » Le ministre de la Justice obtient satisfaction : les règles d'utilisation des armes ne seront pas modifiées.

François Mitterrand n'en est pas moins furieux que ses deux ministres parmi les plus importants s'écharpent sur la place publique ; furieux que ses deux amis soient incapables de solidarité et de complicité. Il les sermonne, leur demande de « revenir à la raison ». Defferre grommelle, Badinter fait preuve d'esprit en proposant au Président de « les licencier tous les deux pour ne plus avoir à redouter l'antagonisme entre police et justice ». Mais le chef de l'État sait pertinemment que, pour l'ex-avocat, l'affaire et le désaccord sont on ne peut plus sérieux car ils touchent à l'essentiel : la liberté. « Pour moi, remarque Badinter – et il faut l'entendre –, enfant juif de 12 ans sous l'Occupation, le contrôle d'identité, c'est la mort… »

« Sécurité et liberté » sera abrogée, Defferre, en grande partie désavoué, et Mitterrand, durablement en colère. L'extrême gauche reprochera à Badinter d'avoir accepté quelques concessions. Elle ne cessera, cette gauche-là, de lui reprocher d'être un « modéré ».

Chapitre VIII

« C'est l'idée de souffrance qui prime »

On fait erreur à propos de Robert Badinter. Quoi qu'en pensent ses détracteurs, en particulier à la droite de la droite, il n'a jamais été d'une gauche « dure », il n'a jamais ni de près ni de loin adhéré aux thèses de la gauche de la gauche. Nous savons son hostilité radicale au communisme depuis l'adolescence – ce qui, dans sa génération, n'était guère habituel – et il n'a jamais remis en cause de quelque façon que ce soit la nécessité de l'économie de marché. Badinter ne s'est pas autrement défini que comme un social-démocrate « classique », dans la lignée de Jaurès, de Blum, de Mendès France qui, en matière de justice, s'en tient – le plus strictement possible – à des principes et des convictions « de jeunesse ». Badinter n'est pas sectaire mais entêté, fidèle à des engagements de gauche. Mais comment le ministre de la Justice, cette justice qui inquiète tant les Français, peut-il tenir une position rigide ? Ce ne fut pas toujours simple, même si Robert Badinter réfute avoir consenti à d'importantes concessions.

Une remarque (amusée) de François Mitterrand est restée gravée dans son esprit : « On vient régulièrement me demander votre tête. Il est vrai que vous n'y mettez pas du vôtre… » Mitterrand dit juste : dans ses fonctions ministérielles, Badinter n'a jamais cherché à être « sympathique », encore moins à plaire même s'il fut jadis, dans une première vie, un séducteur. Il est distant, exigeant dans le travail, capable de colères aussi froides que soudaines, imposant à ses collaborateurs au ministère un mode de vie austère – il ne dilapide pas l'argent de l'État, d'où un contrôle minutieux des quelques « fonds spéciaux » dont il dispose place Vendôme, une forme d'ascétisme.

Tout cela dessine un caractère pas toujours commode, et il l'assume, mais d'abord une volonté, une méthode et des objectifs. Avec un impératif commun : ne rien céder, ou le moins possible, ne pas perdre de temps, et tant pis pour les convenances ou le confort des uns et des autres. Il tient d'abord une direction. S'expliquant en 1983 avec Bertrand Le Gendre qui traite des questions de justice au quotidien *Le Monde* et qui l'interroge sur un éventuel « changement de cap », il répond ainsi : « Jamais. Les textes inutilement répressifs, mais politiquement exploitables, je les refuserai toujours parce que ces textes impliquent le refus de la rédemption, du salut toujours possible, parce qu'ils méconnaissent l'inspiration même du message judéo-chrétien sans lequel notre civilisation serait spirituellement morte. Et puis, socialement, ces textes expriment une certaine conception des "couches dangereuses", c'est-à-dire les marginaux, les jeunes sans travail, les déviants et aussi certains immigrés, bref tous ceux qu'il faudrait, au regard de leur dangerosité supposée, surveiller et inévitablement punir plus que les autres. Ce pessimisme humain et cette ségrégation sociale, je les refuse également. Et je ne crois pas que la gauche puisse jamais s'en accommoder, sauf à y laisser son âme. » De 1983 à aujourd'hui, rien n'a changé, le propos reste aussi pertinent.

Il y a donc les principes auxquels Badinter ne renoncera jamais ; puis l'épreuve des faits, celle sur laquelle un ministre est jugé. Comment alors ne pas songer à ce dossier des prisons qui le hante depuis fort longtemps, qui, dans les années 1970-1980, obsède tant d'intellectuels, en particulier les philosophes Michel Foucault et Jean-Marie Domenach, l'historien Pierre Vidal-Naquet, tous trois fondateurs du Groupe d'information sur les prisons (GIP) ? S'il lit Foucault avec intérêt, parfois avec passion, en particulier son fameux essai *Surveiller et Punir*, le ministre n'est pas pour autant un disciple du philosophe. Il ne croit pas qu'une société démocratique puisse se passer de la prison, l'abolir. Badinter considère la prison comme un « mal inévitable ». Invitant Foucault à un déjeuner aussi frugal qu'à l'accoutumée, le ministre le charrie, lui proposant de rédiger un projet de loi dont l'article premier serait écrit de la sorte : « Toute peine de privation de liberté est abolie en France. » Le philosophe rit de bon cœur. En 1972 dans les colonnes du journal *Le Monde* et sous le titre coup de poing « La léproserie pénitentiaire », Badinter avait pris des positions osées : « Si le criminel ou le détenu sort de la prison comme il y est entré, ou plus dangereux encore, l'emprisonnement n'est pas défense de la société, mais bien menace pour la société. » Une pensée à rebours de la vulgate sécuritaire, y compris au sein d'une partie de la gauche, Jean-Pierre Chevènement théorisant et assumant un virage sécuritaire.

Confidences de Badinter sur un sujet qui l'a sans cesse tenaillé :

« Je connaissais la vie des prisons et des prisonniers depuis longtemps. Je savais ce qui s'y passait, la misère qui y régnait et qui n'a jamais cessé. J'ai compris que cela était dû à une série de facteurs correspondant à la pingrerie nationale, ainsi qu'à quelque chose de féroce. »

« Rien ne change. Il y a une loi d'airain : dans les démocraties, vous ne pouvez pas faire passer la condition des détenus au-dessus de la condition du travailleur le plus défavorisé. J'avais donc donné une consigne : toujours progresser, mais ne jamais en parler. »

« Ministre, j'ai fait installer la télévision dans les cellules, convaincu que c'était un moyen d'apaisement des tensions, un apport culturel, que les détenus regarderaient le même programme et parleraient ensemble du film, de l'émission, du match de foot. Pour la Coupe du monde de football en 1982, je voulais qu'un poste soit installé dans chaque cellule. Nous avons été contraints de les louer, nous ne disposions pas des lignes budgétaires nécessaires… »

« L'idée de souffrance prime : il faut que le détenu souffre, c'est indispensable. Droit pénal, droit des peines, peines = douleurs. C'est le droit des souffrances infligées. Il faut racheter la faute commise par la douleur. Toutes les sociétés ne sont pas inscrites dans cette logique, les univers protestants beaucoup moins que les pays catholiques… »

Robert Badinter a consacré de multiples textes et même un livre à la prison, à l'enfermement, aux détenus. Avocat, professeur de droit, ministre de la Justice, ce fut l'une de ses priorités, l'un de ses tourments surtout. L'enfermement, comment vivre avec, comment faire pour qu'un détenu ne sorte pas de prison « pire » qu'au moment de son incarcération ? Ces interrogations le taraudent et il existe, cela va de soi, une continuité entre l'enfant de l'Occupation et le garde des Sceaux. Dans un entretien fouillé accordé en 1985 à la revue *Le Débat*, il s'expliquait sur sa conception de la prison, sur cette politique pénitentiaire qui occupe tant son esprit.

« La prison assure à la fois la douleur du châtiment et la protection de la société. Elle satisfait simultanément le désir de punir et la volonté de se protéger d'une société. »

« Il faut commencer par prendre la mesure de notre situation carcérale. Elle est affligeante. Nous sommes un des pays d'Europe qui dépense le moins pour l'institution pénitentiaire. Par un paradoxe singulier quand on connaît ma réticence à l'égard de l'emprisonnement, j'aurai été un ministre toujours préoccupé de rénover ou de construire des prisons. »

« Il ne peut y avoir de prison heureuse. Mais je crois possible une prison qui ne soit ni inhumaine ni infantilisante, qui ne secrète pas la désocialisation. »

Propos sacrilèges, tant la doxa répressive est devenue commune à une grande partie de la droite et de la gauche. Ministre de la Justice, le seul fait que Badinter se préoccupe du sort des prisonniers, qu'il prétende « rénover » non seulement les prisons mais aussi l'institution carcérale déclenche moult polémiques. Scandaleuse, cette idée selon laquelle « la prison, dans son état actuel, est l'école du crime ». Dans ce contexte, chaque initiative provoque des remous. Un exemple : le ministre a émis l'idée que les jurés d'assises visitent une prison « pour rendre leur verdict en toute connaissance de cause ». Réplique immédiate de quelques magistrats : « Pour l'édification totale des jurés, cette visite devrait passer également par l'institut médico-légal où reposent les victimes des assassins. »

Il n'y a donc que des coups à prendre et, pourtant, il persiste : rénover l'institution carcérale, tel est l'objectif alors que, sondage après sondage, la majorité des Français demeurent rétifs à toute réforme pénitentiaire, à toute amélioration des conditions de vie de la plupart des prisonniers. La philosophe Blandine Barret-Kriegel a été chargée d'un rapport sur les prisons qu'elle remet au président François Mitterrand en 1985 : « On ne doit pas punir sans rééduquer, sanctionner sans espérer. On doit juger et réprimer les actes, on ne doit pas juger l'homme. » Bref, tout ce qu'une majorité de citoyens refusent et réfutent.

L'enfermement, la hantise de Robert Badinter qui conduit, selon ses détracteurs, au péché de laxisme. Mais l'est-il, laxiste ? Il s'en défend même s'il admet être comme hanté par l'enfermement, la privation de liberté, la déshumanisation des prisonniers. Invité de la Fédération protestante de France, le ministre raconte à un auditoire, ébahi, sa récente visite de la prison de Strasbourg : « La maison d'arrêt, la capitale de l'Europe : superbe construction du XVIIe siècle [...]. J'ai vu dans une pièce un dortoir de quarante lits. Un dortoir, c'est déjà en soi criminogène par les contacts qui s'y nouent. Ici quarante personnes s'y retrouvent le soir ; mais rien pour mettre ses affaires individuelles ; pas même une petite armoire. Pour quarante hommes, il y avait quelques lavabos et une toilette. Pas besoin d'insister sur ce que cela signifie le matin ! Le sympathique membre de la brigade antigang qui me sert de chaperon m'a dit : “Ce n'est pas possible pour la France !” Il avait raison : cela fait honte. Mais quand je tiens ces propos, on me prend pour un naïf et pour un idéaliste. » Prétendre, selon le célèbre slogan de François Mitterrand, « changer la vie », mais changer la vie en prison, ce serait faire preuve d'angélisme idéologique et de déraison politique.

Badinter s'attelle pourtant à « LA » réforme, celle qui a vu l'échec de la totalité des gardes des Sceaux, celle de la prison-poubelle. Il ordonne le démantèlement des quartiers de haute sécurité, les QHS, ces « prisons dans la prison », vitres opaques, lits et chaises cloués… 154 détenus en QHS à son arrivée ; 47 seulement lorsqu'un décret, le 26 février 1982, les supprime. Mais cela ne suffit pas à la gauche judiciaire puisque le ministre maintient la mise à l'isolement, une forme à peine améliorée de QHS. Michel Schayewski, un ancien complice de Jacques Mesrine, lui écrit pour dénoncer cette mascarade : « Je me trouve dans des conditions de vie carcérale que vous avez vous-même dénoncées. » Ce n'est pas faux, mais le ministre, plus particulièrement dans ce dossier des prisons, apprend à louvoyer, à accepter des compromis. Voilà pourquoi l'avocat Henri Leclerc, avec lequel il a partagé tant de combats, dénonce à son tour l'échec du ministre. Pourtant il aura amélioré, c'est incontestable, la vie quotidienne des prisonniers. Pour preuve de sa bonne foi, de sa volonté, il fera édifier à Mauzac, un village de Dordogne, une « prison-vitrine » réservée aux courtes peines, conception nouvelle de l'enfermement. La cellule ? Une pièce de neuf mètres carrés occupée par un unique détenu qui, comme le gardien, dispose de la clé. Une révolution éthique que cette clé partagée.

Pourtant, sous le magistère de Robert Badinter, les prisons vont « exploser » partout en France et à deux reprises, en janvier 1983 puis en mai 1985. La première révolte est provoquée par un retard de la mise en application des parloirs libres, c'est-à-dire sans séparation entre le visiteur et le prisonnier. Les organisations syndicales sont opposées à cette évolution ; le ministre, lui, hésite, il veut prendre son temps, trop de temps. Des mutineries sanglantes, des blessés et des morts. Au-delà de l'affaire des parloirs, Badinter sait qu'il est indispensable de « désengorger » les prisons, donc de remplacer les courtes peines (jusqu'à six mois d'emprisonnement) par des peines dites de substitution. Un projet de loi est présenté devant le Conseil des ministres qui prend en compte, enfin, la réalité carcérale. Mais impossible pour Badinter d'obtenir quelque consensus que ce soit. La droite dénonce, dans *Le Figaro*, « la dépénalisation totale de la petite délinquance que viennent d'accepter les socialistes ». Les syndicats des personnels pénitentiaires ne sont guère plus avenants.

Vilipendé sur sa droite, accusé de renoncement sur sa gauche… Le piège. Cette critique parfois virulente venue des siens lui est insupportable. Il la trouve à la fois injuste et démagogique. Il estime être allé au plus loin, il ne peut secouer davantage une société sécuritaire, une société plus « Peyrefitte » que « Badinter ». Alors il rappelle à ses amis tout ce qu'il a fait : normalisation de la vie des détenus, généralisation du droit de correspondance, autorisation de téléphoner aux familles une fois par mois, possibilité d'aménager et de décorer les cellules, extinction plus tardive des lumières, suppression du costume pénitentiaire, etc. Est-ce si peu ? Il est fier d'avoir combattu – car c'était un combat – en faveur des peines de substitution. Le « travail d'intérêt général », c'est aussi une mesure Badinter. Mais il est incapable de s'extirper du piège : pour les répressifs, Badinter sera toujours laxiste ; pour une partie de ses compagnons, les tenants de la prison-atelier, de la prison-école, il n'ira jamais assez loin.

C'est pourtant autour d'une autre affaire que va se nouer un violent conflit politique au sein du pouvoir mitterrandiste et de la gauche. En septembre 1984, le gouvernement décide d'extrader vers l'Espagne des militants basques de l'ETA accusés d'assassinats et réfugiés en France. Dans un télégramme diplomatique, l'ambassadeur de France à Madrid, Pierre Guidoni, un important hiérarque socialiste proche de Jean-Pierre Chevènement, avait sonné l'alarme : « L'ETA s'est engagée dans une spirale d'assassinats et la démocratie espagnole, incapable de répondre efficacement, est menacée. Les terroristes basques ne sont nullement de pauvres victimes d'un État qui serait resté encore aujourd'hui autoritaire et centralisé. La direction politique du terrorisme basque est concentrée dans les Pyrénées-Atlantiques. Il est devenu nécessaire d'agir. Il ne suffit pas d'évoquer la doctrine Badinter. » Le diplomate se trompe sur un point : il ne s'agit pas d'une « doctrine Badinter », mais bel et bien d'une « doctrine Mitterrand ».

C'est quoi, cette fameuse doctrine ? Dans l'esprit du Président, l'asile politique et le statut de « réfugié politique » sont des valeurs sacrées qu'il faut respecter au pied de la lettre. Avec Robert Badinter, François Mitterrand en a fréquemment discuté. Le Président prenait volontiers l'exemple suivant : après les événements de 1871, les autorités anglaises avaient-elles renvoyé en France les communards couverts de sang et de crimes ayant trouvé refuge au Royaume-Uni ? Quiconque avait « déposé les armes » une fois réfugié en France doit pouvoir bénéficier de la protection de la République. Une position claire, carrée, provoquant émoi et rage à droite, mais Mitterrand s'en moquait. Confirmant la doctrine officielle, le ministre Badinter précisera à de nombreuses reprises « qu'il n'y aura pas d'extradition pour les réfugiés politiques et les combattants de la liberté, la France doit rester une terre d'asile ». Mais est-ce aussi clair que cela ?

En réalité, la pensée de Robert Badinter est plus complexe. Elle n'est pas forcément en osmose avec celle de François Mitterrand et de la plupart des intellectuels de gauche. Comment faire si des « brigadistes rouges » italiens, après avoir liquidé des responsables politiques ou posé des bombes, venaient à se réfugier sur la Côte d'Azur, utilisant le territoire national comme base de repli pour préparer de nouvelles actions meurtrières ? Pourquoi s'opposer à ce que la justice italienne puisse les récupérer ? Comment refuser à l'Allemagne de juger et condamner les assassins de la bande à Baader ? Pourquoi ne pas soutenir la démocratie espagnole agressée par les terroristes basques ? Dans ce contexte, le Président et le ministre de la Justice finissent par s'entendre pour faire évoluer ne serait-ce qu'un peu la doctrine. Un texte rédigé par Robert Badinter indique ceci, en trois points : 1) l'extradition est toujours exclue si elle est demandée par un État non démocratique ; 2) elle reste en principe exclue lorsqu'elle est demandée par un État démocratique mais si l'infraction commise est de nature strictement politique ; 3) pour les États démocratiques demandeurs, il est fait exception au refus d'extrader pour les dossiers faisant état d'actes criminels d'une gravité telle que la fin politique alléguée ne peut les justifier. Une partie de la gauche est horrifiée par ce changement que l'on peut qualifier d'historique.

En septembre 1984, des militants basques de l'ETA sont donc effectivement extradés vers l'Espagne. Mitterrand assume : « Il est triste d'extrader, mais c'est le respect du droit et de la jeune démocratie espagnole. » Badinter assume lui aussi, mais il n'en alerte pas moins le Président : « Ce sera ressenti très durement à gauche. Nous aurons beau expliquer, montrer la gravité des crimes et les garanties indiscutables offertes par la justice espagnole, rien n'y fera, parce que nous sommes là dans l'irrationnel. La décision que vous allez prendre est de celles qui comptent beaucoup pour la place d'un Président dans l'Histoire. »

Ce changement quasi philosophique pourrait également s'expliquer par la vague terroriste qui, à partir de 1982, ravage la France sous les coups de Carlos, des terroristes palestiniens, des furieux de la bande à Baader, des groupuscules arméniens, des agents iraniens infiltrant les uns et les autres… Terribles épreuves à répétition : explosion d'une bombe dans le train Capitole Paris-Toulouse, cinq morts ; explosion d'une voiture piégée rue Marbeuf à Paris, un mort ; voiture piégée dans l'enceinte de l'ambassade de France à Beyrouth, onze morts ; carnage au restaurant juif Goldenberg, six morts, vingt-trois blessés. Un tournant idéologique et politique se profile.

Le Parti socialiste procède déjà à une révolution en demandant un « contrôle rigoureux de l'immigration car il ne faut pas confondre générosité et laxisme ». Alain Peyrefitte n'aurait pas tenu un propos différent. Le ministre de la Justice tient alors à rappeler les principes de la République, ceux d'une démocratie éclairée. Il publie une tribune dans *Le Matin de Paris* : « La liberté ne se défend pas par des procédés liberticides ou elle en meurt, et le terrorisme est vainqueur. » Son article est reçu dans un silence qui vaut désapprobation… À l'un de ses proches collaborateurs, il explique : « La conjoncture ne peut s'avérer plus mauvaise pour promouvoir les libertés. » La preuve ? Certains exigent le rétablissement immédiat de la Cour de sûreté de l'État. En la supprimant, le ministre de la Justice aurait « désarmé » la République face aux terroristes. Balivernes, rétorque-t-il : « La Cour de sûreté de l'État n'a jamais été créée pour lutter contre le terrorisme international, mais pour lutter contre l'OAS, au moment de la guerre d'Algérie. Elle a jugé 2 522 personnes de 1963 à 1981, pas un terroriste international n'y figure. Pas un. Alors, quand on vient me dire : c'est l'instrument qui fait défaut pour lutter contre le terrorisme international, les bretelles m'en tombent… Pour moi, les terroristes sont des criminels, même si leur mobile est politique. Et pour les criminels, il y a une juridiction en France : elle s'appelle la cour d'assises. Et c'est la cour d'assises qui jugera les terroristes. J'y vois un grand avantage. Par les verdicts des cours d'assises, quand les jurés condamneront des terroristes, ce sera le peuple qui les condamnera. Ce verdict aura plus de force que n'importe quelle décision d'une juridiction politique. »

Force est de constater que Badinter est piégé : tandis que l'opposition lui reproche d'avoir « désarmé » nos forces de police et de justice, une fraction de la gauche l'accuse d'avoir rompu avec quelques principes essentiels, le refus de toute extradition, par exemple. Durant ces cinq années au pouvoir, Badinter se retrouvera sans cesse pris entre ces deux feux. Mais il tente de rester « droit dans ses bottes ». À propos du terrorisme qui prend chaque jour plus d'importance dans les sociétés occidentales, il se refuse à toute complaisance envers les criminels politiques. Les terroristes ne sont en rien des résistants, ainsi que veulent le laisser croire quelques intellectuels à la gauche de la gauche. À l'un de ses biographes, Paul Cassia, il s'en explique : « Jeune adolescent pendant l'Occupation, je me souvenais des affiches représentant des "terroristes" fusillés par les Allemands, aux noms aux consonances étrangères et aux visages durcis par la barbe non rasée. Ces hommes-là étaient, aux yeux de leurs partisans, des résistants ; et l'Histoire devait les qualifier de "héros" après la Libération, et leurs frères d'armes exercer souvent le pouvoir dans la République. » Comment distinguer alors les résistants des terroristes ? En observant la nature du régime combattu, en constatant qu'il n'existe aucun autre recours que les armes et les bombes pour combattre une oppression, une dictature. À l'évidence, les Basques de l'ETA ne peuvent plus revendiquer cette situation, ils sont autorisés à lutter au grand jour, à se présenter à des élections libres, les gagner ou les perdre… Une grande partie de l'intelligentsia de gauche, répétons-le, ne partage pas ce point de vue. Selon elle, Badinter a trahi. « Ridicule », réplique l'intéressé.

« Avocat, vous aviez pourtant accepté de défendre un militant basque menacé d'extradition…

– Oui, et je n'ai pas hésité, pas un instant. Des confrères m'avaient demandé de venir renforcer la défense d'un type de qualité – on m'avait assuré que ce n'était pas un criminel. Nous savions fort bien que, si la France le renvoyait, il risquait d'être torturé dans les geôles espagnoles. La Chambre d'accusation a d'ailleurs fini par refuser cette extradition…

– À la même époque, vous vous étiez également porté au secours de Klaus Croissant, l'avocat allemand de la bande à Baader qui avait demandé l'asile politique à la France en 1977. Valéry Giscard d'Estaing était président de la République, Alain Peyrefitte garde des Sceaux, et Croissant fut remis aux autorités allemandes…

– Nous avons découvert longtemps après, après la chute du mur de Berlin, que Croissant était en réalité un agent de la Stasi, les services de renseignement est-allemands. Mais je me souviens surtout d'une scène bouffonne : j'arrive pour une audience en Allemagne, le prétoire avait été installé à l'intérieur de la prison et les policiers prétendent me fouiller, avec des rayons d'abord, puis une fouille à corps. J'ai refusé bien entendu, et la rage m'a pris : "Je ne baisse jamais mon pantalon devant des Allemands depuis 1944. Jamais !" Ils m'ont rétorqué que je n'entrerais pas, j'ai répliqué : "Alors, la défense s'en ira !" Et je suis reparti en prenant soin de faire une conférence de presse…

– Mais il n'empêche qu'une grande partie de la gauche a été choquée que la justice française ait approuvé l'extradition des Basques…

– La justice a pris en compte la maturité de la démocratie espagnole, voilà tout. Au cours de ces années-là, elle s'était considérablement renforcée, y compris au Pays basque, elle avait progressé. Nous savions que les expulsés bénéficieraient de toutes les garanties nécessaires, ce fut d'ailleurs le cas.

– L'émotion pourtant fut très forte à gauche. Pas ça, pas vous…

– J'avais conscience de la secousse car on se souvenait, à gauche, de la lutte des Basques contre la dictature franquiste. Je savais aussi qu'ils étaient toujours nombreux dans nos rangs à refuser toute extradition dès lors que le crime pouvait se justifier par des motivations politiques. Mais ils avaient tort ! Dans une démocratie, on ne combat pas les armes à la main. C'est d'ailleurs cette démocratie que les terroristes, en tuant, veulent abattre... Donc, non, je ne regrette rien. »

Il est une autre décision dont personne ne se souvient tant elle semble évidente aujourd'hui : l'abrogation du délit d'homosexualité ! En cause, une disposition mise en place par Vichy, conservée sous la Ve République et qui n'avait jamais troublé quiconque sous le régime gaulliste : les relations sexuelles entre hétérosexuels étaient légales à partir de 15 ans ; pour les homosexuels, il fallait attendre 21 ans, sinon les « récalcitrants » encouraient « trois ans d'emprisonnement pour avoir commis un acte impudique ou contre nature avec un mineur du même sexe ». L'abrogation sera passée par une incroyable bataille parlementaire et ne sera votée par l'Assemblée nationale qu'en... quatrième lecture. Lors du premier débat au palais Bourbon, le ministre ne peut s'empêcher de « sortir » de son discours. « Il est temps, improvise-t-il, que la France reconnaisse tout ce qu'elle doit à ses citoyens homosexuels. » Acclamations dans les tribunes réservées au public ; gêne dans l'hémicycle puisque toute manifestation est proscrite dans cette républicaine enceinte, le président de séance menace d'expulsion les « perturbateurs ». Badinter est aux anges, mais il revient aussitôt à son texte, sérieux et impavide.

La droite, une nouvelle fois, se déchaîne : ce ministre va « transformer la France en une nouvelle Sodome »... Les sénateurs mènent sans relâche une bataille d'arrière-garde, rejetant le texte à trois reprises... Le délit d'homosexualité finira par passer à la trappe.

Chapitre IX

Un homme de gauche

Pourquoi Robert Badinter est-il de gauche ? Qu'importe qu'il fût le rejeton d'une immigration juive ayant réussi au point de s'installer dans un appartement cossu du XVIe arrondissement ; qu'importe qu'il ait fait une partie de ses humanités au très chic lycée Janson-de-Sailly aux abords de Passy. Après la découverte d'Auschwitz et des camps d'extermination, après avoir acquis la certitude que Simon, son père, ne reviendrait pas, tout cela n'avait plus guère de sens pour cet orphelin de la Shoah qui, comme il le rappelle souvent, « avait vu fonctionner Vichy ». Instinctivement, il se range de ce côté-là, à gauche. Au lendemain de la guerre, la France de Pétain est, aux yeux du jeune étudiant, « l'expression de la droite triomphante dans ce qu'elle a de pire », même s'il sait que tous les hommes de droite n'ont pas sombré dans le vichysme.

Reste une énigme : son refus obstiné de céder à la tentation communiste. Après tout, la Sorbonne, où il est inscrit en licence de philosophie et de sociologie, est une faculté dominée par les communistes. Mais il ne sera jamais tenté, sinon un instant. Avec ce mélange d'autorité, de malice et de tendresse, il se plaît à raconter son passage fugace de militant. Il aura vendu une fois, à la criée, *L'Humanité dimanche*, l'hebdo du Parti communiste français. « Pour faire plaisir à l'avouée, une femme formidable, une communiste enragée, chez qui je travaillais pour gagner quelques sous et mettre de l'essence dans ma mobylette. Puisque j'habitais dans le XVIe, j'ai diffusé au métro rue de la Pompe. Je n'en ai vendu que deux exemplaires. » À Pauline Dreyfus, l'une de ses biographes, il confirme : « Parmi les communistes, la pensée tombait d'en haut. Moi, j'étais insolent. » Insolent au point de s'opposer à la doxa dominante, celle de Sartre et des siens en particulier, qui écrasait tout débat intellectuel en arguant que « tout anticommuniste était un chien ». Mais, dans l'esprit cartésien de Badinter, une gauche qui attente aux libertés fondamentales, ce n'est pas la gauche, ce ne peut pas être « sa » gauche. Voilà qui l'éloigne un peu plus encore des communistes et de leur parti. Au moment du programme commun de la gauche, une quarantaine d'années plus tard, il ne cachera pas son hostilité à l'entrée de ministres communistes au gouvernement. Au point que Mitterrand le moque :

« Robert, vous êtes un anticommuniste primaire. » La réplique aussitôt jaillit : « Pas primaire, Président, supérieur. » Ce n'est pas seulement un trait d'esprit mais la preuve d'un anticommunisme réfléchi et résolu. Parce que sa gauche, répétons-le, est attachée à la liberté de pensée et de penser contre – ce qui était interdit et réprimé parmi les communistes –, à la liberté de mœurs et à la liberté sexuelle. « Nulle part, remarque-t-il, l'avènement du communisme n'a coïncidé avec un renforcement de la liberté, avec un dépérissement de la répression. En s'affirmant définitif [c'est-à-dire en refusant le jeu des élections et donc de l'alternance démocratique], le pouvoir socialiste perdrait toute espérance d'avoir jamais visage humain. » Pour autant, il n'a pas envisagé de « fricoter » avec la droite.

Son mentor, Henry Torrès, compte pourtant parmi les hiérarques du gaullisme. Membre du bureau national du Rassemblement du peuple français (RPF), le parti politique du Général, il a été élu sénateur de la Seine de 1948 à 1952. Mais l'avocat ne cherche ni à convaincre ni à convertir son jeune collaborateur. Il se contente de le « sortir », de lui faire rencontrer tout ceux qui compte à Paris, notamment parmi le personnel politique.

Badinter, on le sait, s'est rapproché de Pierre Lazareff, le puissant directeur de *France-Soir*. Dans sa maison de Louveciennes, à proximité de Paris, la vie politique se fait et se défait chaque dimanche. On y mange, on y boit, on y rit, on y bavarde. Mais pas seulement. On y évoque le sort des gouvernements de la IVe République et on croise le Tout-Paris des lettres, de la presse et de la politique. Parmi les habitués, Jean-Jacques Servan-Schreiber et Françoise Giroud, les fondateurs de *L'Express*, avec lesquels Badinter partage beaucoup : même génération, même hostilité au gaullisme, même opposition à la guerre d'Algérie, même volonté d'aider Pierre Mendès France à gouverner le pays. En 1953, *L'Express* invente le sigle PMF, ces trois lettres magiques qui attirent Badinter comme tant d'autres, universitaires, intellectuels, patrons libéraux ou encore syndicalistes chrétiens.

Avec Mendès, Badinter est persuadé d'avoir trouvé le « grand homme » politique en qui il peut se reconnaître. PMF est un républicain, défenseur acharné de la laïcité, social-démocrate dans les moindres plis et replis de son cerveau, donc hostile au communisme, anticolonialiste déterminé, ayant fait la paix en Indochine, reconnu l'indépendance de la Tunisie et, par conséquent, capable de mettre fin au conflit algérien. Mendès est parfait, et ils sont nombreux à gauche, comme Badinter, à le penser.

Badinter est à ce point enthousiaste qu'il propose aux instances du Parti radical, celui de PMF, d'être candidat mendésiste aux élections législatives de janvier 1956. Le « grand homme » lui suggère de s'implanter à Soissons, dans l'Aisne, mais les militants radicaux du cru, pour la plupart Algérie française, n'ont que faire de cet avocat parisien de 28 ans et le renvoient dans ses beaux quartiers. Première tentative électorale, premier échec. Badinter sait que Mendès a été alerté du mauvais sort que les radicaux lui ont réservé. Il n'est pas intervenu… Badinter ne lui en veut pas. Il lui paraît légitime que Mendès ne s'occupe pas de l'intendance.

Pourtant, Badinter constate, avec regret, que son héros est incontestablement un homme d'État mais pas forcément un bon politique. Mendès n'est pas du genre accommodant. Or, en politique… Mendès dénonce la IVe République, son inefficacité, ses faiblesses. Mais il rejette avec tout autant de force la Ve République qu'il estime peu démocratique. Il va mener une bataille impitoyable contre le Général et le « oui » au référendum de 1958, valant adoption de la nouvelle constitution de la Ve République. Les Français ne l'écoutent pas. Quatre années plus tard, en 1962, il combat avec la dernière énergie l'élection du président de la République au suffrage universel direct, selon lui le plébiscite d'un monarque républicain. Mais les Français, une fois encore, approuveront de Gaulle. Encore un échec pour PMF, convaincu par ailleurs qu'un Juif ne sera jamais élu président de la République française au suffrage universel direct. Badinter en est lui aussi persuadé.

Pourtant, il n'abandonne pas Mendès. Il se doute que son modèle politique est sur le point de sortir de l'Histoire, qu'agrippé à ses convictions républicaines, à ses principes démocratiques, il s'éloigne des Français, de leurs envies, de leurs besoins. Mendès est rigide et, paradoxalement, c'est pour cela que Badinter lui demeure si attaché.

Badinter rend visite à Mendès à son domicile dans le XVIe arrondissement, quelques jours après l'adoption de la constitution de 1958. Ils se promènent du côté de La Muette. « Des jeunes pro-Algérie l'ont reconnu et grossièrement insulté, avec des sous-entendus antisémites. J'avais le sang chaud, je voulais me battre. Il m'en a empêché, je me souviens de ses mots pour me retenir : "Ne faites pas ça..." Nous sommes remontés et il m'a expliqué pourquoi désormais il "ne ferait rien en politique". "Je ne veux pas participer à cette vie antidémocratique, une partie des Français me haïssent." Il était entêté, un caractère impossible. Pour lui, c'était la République 100 % parlementaire, sinon rien. Alors, avec de Gaulle au pouvoir, ce sera rien ! »

Mais la politique est un virus résistant. Trois semaines après cette conversation avec Mendès, Badinter croise Georges Dayan près du Palais-Royal. Né à Oran en 1915, ami d'Albert Camus, lié à François Mitterrand depuis sa jeunesse – ils ont fait leurs études de droit et leur service militaire ensemble –, maître des requêtes au conseil d'État, Dayan lui apprend que François Mitterrand crée un club de réflexion baptisé « La Ligue pour le combat républicain ». Il lui propose d'en être, ce que Badinter accepte volontiers. Il s'agit, dans son esprit, de poursuivre le combat contre de Gaulle, contre ces nouvelles institutions fondamentalement antidémocratiques. Mendès l'a édicté : « Ce pouvoir est né dans la rue, il finira dans la rue. » Il se trompe, mais qu'importe.

Pour autant, Badinter ne s'éloigne pas de Mendès. Il lui prêtera main-forte quand il acceptera de se présenter aux élections législatives à Grenoble en 1967 (gagnant) puis en 1968 (perdant). Après la cinglante défaite de la gauche socialiste à l'élection présidentielle de 1969 (5 % des voix pour le tandem Defferre Président-Mendès Premier ministre), il lui écrit ces quelques jolis mots : « Ces heures sont mélancoliques. Mais je tenais à vous dire discrètement mon attentive amitié et ma conviction indéracinable que les responsabilités que vous seul pouvez assumer seront un jour – mais dans quelles circonstances ? – les vôtres. » Mais François Mitterrand est entré dans l'existence de Badinter. Une rencontre décisive.

En réalité, ils s'étaient rencontrés à plusieurs reprises, depuis quelques années déjà. Carmen Tessier, une célèbre journaliste de *France-Soir* de Lazareff, celle qui tenait une rubrique-phare du journal, « Les potins de la commère », les avait invités à déjeuner ensemble au Berkeley, à deux pas du rond-point des Champs-Élysées. Les grandes signatures de *France-Soir* y tenaient table ouverte. Badinter avait rencontré Anne Vernon dans ce restaurant. Mitterrand et lui s'étaient également croisés un dimanche à la table de Lazareff dans sa propriété de Louveciennes. Ils ont douze ans d'écart et s'ils ont échangé quelques mots, l'influent ministre de la IVe République et l'avocat à succès ne se connaissent pas. Badinter – mendésiste du premier cercle – se méfie de ce Mitterrand qui a longtemps défendu une ligne Algérie française. Retors, Mitterrand n'hésite jamais à tordre les principes quand il s'agit de conquérir puis de conserver le pouvoir. L'anti-PMF. Mais Badinter a compris que la voie Mendès est sans issue, qu'il est nécessaire de se battre avec les nouvelles règles édictées par de Gaulle, que l'élection du chef de l'État au suffrage universel direct change la donne. L'élection présidentielle devient prioritaire. Mendès s'y refuse, Mitterrand, lui, s'en accommode fort bien. Mitterrand plaît bien à Badinter, il doit en convenir.

Quand Badinter se rapproche de Mitterrand, la gauche est un champ de ruines, prise en étau entre le gaullisme triomphant et le Parti communiste tout-puissant. Elle est incapable de présenter une alternative crédible. Le renouvellement politique et idéologique semble impossible au sein de cette gauche « pourrie » par les méthodes de la IVe République. Que pèsera-t-elle, cette gauche sans projet ni incarnation alors que se profile, en 1965, l'élection présidentielle au suffrage universel ? C'est dans ce contexte difficile que Badinter a accepté la proposition de Georges Dayan de participer à ce club, « La ligue pour le combat républicain », créé par et pour Mitterrand, alors sénateur de la Nièvre. Souvenir : « Nous étions une vingtaine, guère davantage, réunis dans des bureaux minables, rue du Louvre. Nous avons vite formé une bande joyeuse et nous discutions en toute liberté des grandes questions politiques. » Badinter rédige quelques notes à propos de la justice, de ses dysfonctionnements – et ils étaient nombreux à l'époque du conflit algérien. Il se rapproche alors de Mitterrand. Sur le plan politique mais surtout personnel. « J'ai découvert à quel point il avait le sens de l'amitié, un réel amour de la culture. » Des livres surtout, de la littérature, goût qu'ils partagent. Badinter offrira à Mitterrand les *Mémoires de Casanova*, « l'un des très grands ouvrages du XVIIIe siècle, un personnage extraordinaire et une merveilleuse façon de raconter ». Il ne l'avait jamais lu. Une complicité instinctive, des goûts partagés, c'est en grande partie cela, l'amitié Badinter-Mitterrand. Mais rien de démonstratif, le vouvoiement entre eux restera toujours de rigueur. Mitterrand ne tutoie que ses amis de faculté puis de guerre, personne d'autre.

Cette règle tacite convient fort bien à Badinter. Lui non plus n'a ni le goût ni l'envie de la familiarité.

Par bien des traits de caractère d'ailleurs, ils se ressemblent. Quand Badinter fait son autoportrait, il évoque en creux... Mitterrand : « Je n'ai jamais été timide, mais je suis d'une nature réservée. Je ne suis pas chaleureux, il me faut du temps pour me "déboutonner". » Formidable, notamment en politique ! « Jamais je n'ai trahi un secret. C'est une des raisons pour lesquelles Mitterrand m'a fait confiance. C'était un homme charmant, cultivé, un très bon ami ; mais indépendamment de nos liens personnels, il savait qu'il pouvait me faire confiance. Nous n'avons pas toujours été d'accord [le mendésisme de Badinter], mais je considère que ces oppositions ne concernent personne d'autre que lui et moi. J'ai été élevé comme ça : les confidences restent... confidentielles et on ne parle pas de soi. »

Le fils d'immigré et l'enfant de Jarnac partagent le même goût du secret et cela les rapproche. La garde rapprochée de Mitterrand – l'avocat Roland Dumas, le futur ministre de la Défense Charles Hernu, l'homme d'affaires André Rousselet – observe cette amitié naissante avec inquiétude. Que cherche donc cet intrus ? « Mitterrand avait une immense confiance en Badinter, témoigne l'essayiste Jacques Attali, il en avait fait l'un de ses confidents privilégiés. » Ils ne se quitteront plus, pas davantage en politique que dans la vie privée. Sans aucun manquement. Compagnonnage amical. Compagnonnage politique.

En raison de cette amitié, la politique active occupe désormais une partie du temps de Badinter. En 1964, Mitterrand crée la Convention des institutions républicaines (CIR), un premier pas pour réunir la gauche non communiste autour de lui ; Badinter y adhère aussitôt. Quelques mois plus tard, en septembre 1965, Mitterrand regroupe les socialistes de la SFIO, les Radicaux (dont Mendès) et la quasi-totalité des clubs au sein de la Fédération de la gauche démocrate et socialiste (FGDS) dont il prend la direction. Il s'agit ensuite de négocier avec les communistes afin que Mitterrand soit candidat unique de la gauche face à de Gaulle à l'élection présidentielle de 1965, la première du genre. Badinter est certes présent, mais il participe à la campagne de fort loin. La préparation de l'agrégation de droit l'occupe en effet à temps plein. Cette obligation, en fait, l'arrange : l'alliance avec les communistes lui déplaît, même s'il sait que cette stratégie de Mitterrand est la seule possible. L'équipe du candidat de la gauche placarde des affiches : « Mitterrand, un Président jeune pour une France en ballottage. » Mitterrand entend moderniser la société et dénonce « le coup d'État permanent » de de Gaulle, trop autoritaire à son goût. À la surprise des observateurs et des… Français, il parvient à mettre de Gaulle en ballottage, obtenant 55,2 % des suffrages exprimés au second tour. Un exploit. Mitterrand incarne désormais l'émergence d'une opposition crédible à la toute-puissance gaulliste.

Arrivent les élections législatives de mars 1967. Le parti gaulliste obtient certes la majorité absolue, mais d'un seul siège. La stratégie de Mitterrand en sort une nouvelle fois renforcée. La FGDS obtient 121 députés et les mitterrandistes du « premier cercle » font leur entrée à l'Assemblée nationale : Georges Dayan élu à Nîmes, Roland Dumas à Brive, André Rousselet à Toulouse, Louis Mermaz à Vienne. Un battu toutefois, Robert Badinter, étrillé pour sa première expérience électorale. Il aurait pu postuler sur un siège à Besançon, là où il enseigne le droit. Mais il sait que les militants qui tiennent la FGDS dans cette ville ne feront jamais place à un proche de Mitterrand. Alors il lui est suggéré de se présenter à Paris dans une circonscription réputée « de droite » qui regroupe les Ier et IVe arrondissements. Mitterrand comptait sur le vote juif, en principe puissant dans ce quartier entre la République et le Marais, pour propulser son ami-candidat. Mal vu. Badinter n'arrive qu'en quatrième position, laminé par le député sortant gaulliste Pierre-Charles Krieg (réélu au second tour), loin derrière le candidat communiste et même devancé par un postulant centriste. De cette raclée, il garde un souvenir pourtant… ébloui : « Une expérience prodigieuse, c'est tout à fait extraordinaire, une campagne électorale. »

Cet aveu est sincère mais, dans cet exercice, il est à contre-emploi. Serrer les mains, répondre aux accolades, faire la bise… pas son genre, vraiment pas.

Le 22 mars 1968, l'occupation de l'université de Nanterre marque le début d'une révolte sans précédent. Ces événements de Mai 1968, Badinter les a « ratés ». Il est passé à côté d'un moment historique qui marque encore la société française. Cela peut sembler invraisemblable, mais c'est ainsi. Curieuse cécité alors qu'il habite au cœur du Quartier latin où ont lieu la plupart des affrontements violents entre manifestants et policiers. Besançon, où il enseigne, est aussi l'un des centres névralgiques de la contestation. Il aurait dû se montrer d'autant plus sensible à la révolte estudiantine que, dès l'automne 1967, l'université de Besançon s'était soulevée à l'occasion d'une visite du ministre de l'Éducation nationale de l'époque, Alain Peyrefitte, déjà. Slogans hostiles et jets d'œufs. Le hiérarque gaulliste était resté impavide. Une indifférence surprenante, presque inquiétante.

Il est mal vu en Mai 1968 d'afficher une quelconque proximité avec François Mitterrand. Seul Pierre Mendès France trouve grâce auprès des révoltés. Dans leur esprit, Mitterrand incarne le vice et la magouille, la trahison des principes érigés en art de gouverner. « Ni de Gaulle ! Ni Mitterrand ! », tel est le slogan. Badinter l'entend, mais ne veut pas y prêter attention. On l'aperçoit dans les premiers rangs à la conférence de presse de Mitterrand, lequel, le 28 mai 1968, propose la mise en place d'un gouvernement restreint provisoire qu'il dirigerait lui-même. Au passage, Mitterrand en profite pour annoncer sa candidature à une éventuelle élection présidentielle anticipée. Tentative de coup d'État, ripostent les gaullistes. Badinter n'est pas convaincu que ce choix du passage en force, notamment suggéré par Roland Dumas, l'autre avocat de la bande, soit le plus opportun. Mais il tait ses réticences. L'amitié, toujours. Mitterrand est pris à contrepied car le Premier ministre Pompidou convainc le Général de dissoudre l'Assemblée nationale et de provoquer des législatives anticipées. « Les élections de la trouille », commente de Gaulle. Il va les remporter – écrasant Mitterrand et les siens. Ils ne sont que 57 députés FGDS à revenir au palais Bourbon. Le premier cercle a été laminé, Dayan, Dumas et Rousselet sèchement battus. Badinter a eu la bonne idée de ne pas se présenter. La FGDS, cet objet politique au service de Mitterrand, s'est autodétruit. Dans l'esprit de Badinter, ce n'est pas une raison valable pour se détourner de Mitterrand, bien au contraire.

Quelques mois plus tard, les Français renvoient de Gaulle à son tour. Le 27 avril 1969, ils votent « non » à un référendum sur la décentralisation. Badinter compte parmi ceux qui persuadent Mitterrand de ne pas se présenter à l'élection présidentielle qui s'ensuit. Il a le nez creux. Au premier tour, le 1er juin, Pompidou arrive en tête avec plus de 44 % des voix. La gauche est pulvérisée. Un échec historique tandis que le candidat communiste, Jacques Duclos, obtient 23 % au premier tour. Jamais un candidat « stalinien » n'avait obtenu pareil score, au désespoir de Badinter. Au second tour, Pompidou l'emporte avec plus de 58 % des voix exprimées. La social-démocratie est en miettes. Mais Badinter veut rester convaincu que la reconstruction se fera avec et en faveur de François Mitterrand.

À nouveau, il se laisse prendre au jeu électoral. En raison du décès de son suppléant, le nouveau Premier ministre Jacques Chaban-Delmas doit concourir à une législative partielle à Bordeaux. Mitterrand suggère à son ami de se présenter. Un duel Chaban-Badinter aurait en effet de l'allure. Le héros gaulliste contre l'avocat socialiste. Badinter pose deux conditions : avoir le soutien de l'ensemble des organisations de gauche non communistes et être candidat unique pour défier Chaban, « le duc d'Aquitaine ». Refusé. Badinter s'en retourne à Paris sur la pointe des pieds. Jean-Jacques Servan-Schreiber, déjà député de Nancy et secrétaire général du Parti radical, défie alors lui-même le chef du gouvernement en son royaume de Bordeaux. Il sera pulvérisé. Badinter a eu de la chance, une fois encore.

Quand Mitterrand, minoritaire, s'empare en trois jours du PS au congrès d'Épinay, en juin 1971, Badinter n'est toujours pas en première ligne. Mais il est présent, prenant pour la première fois une carte d'adhérent. Il « milite » au sein de la fédération d'Eure-et-Loir, là où il possède une résidence secondaire, près de Dreux. Au fil d'une bataille d'appareil, d'alliances avec Gaston Defferre et Pierre Mauroy, grâce à l'apparition de jeunes leaders talentueux – Jean-Pierre Chevènement ou Pierre Joxe –, Mitterrand s'est emparé de « la vieille maison socialiste » pour en faire l'instrument de la conquête du pouvoir suprême. Le 16 juin 1971, François Mitterrand, 55 ans, est élu premier secrétaire du Parti socialiste. Badinter est à ses côtés, sans aucune fonction officielle. Comme à l'accoutumée. Un conseiller de l'ombre, un visiteur du soir, déjà. Une boîte à idées, aussi. Il figure par exemple parmi les intellectuels qui animent l'Institut socialiste d'études et de recherches censé irriguer le PS d'idées.

Pour preuve à la fois de son entêtement et de sa fidélité, Badinter se reprend au jeu (maudit pour lui) de l'élection. Ses échecs ne lui ont pas enlevé l'envie d'un mandat électif. Il demande l'investiture en Eure-et-Loir pour les législatives de mars 1973. Lors de primaires internes, il est battu. Et pour cause : l'homme fort de la « fédé » est un anti-mitterrandiste déclaré. Il ne peut donc pas être question de faire une place à un

Parisien intime du premier secrétaire. Badinter, cette fois, retient la leçon. Quand, en 1978, Mitterrand lui offre, en Normandie, une circonscription en or, socialiste depuis un siècle, lui garantissant (en principe) l'élection, il décline. Il s'est fait une raison, il n'est pas fait pour « ça », la politique façon terroir. Il est ailleurs. Il est d'ailleurs. Son engagement, c'est d'être auprès de Mitterrand. La nouvelle défaite présidentielle de 1974 en sera d'autant plus cruelle.

Au moment de la disparition du président Georges Pompidou, en avril 1974, la France penche à gauche. L'année précédente, la droite gaulliste a dû s'allier avec les Républicains indépendants – le parti de Valéry Giscard d'Estaing – et avec les centristes de Jean Lecanuet, pour conserver une courte majorité à l'Assemblée nationale. Députés socialistes et communistes sont plus nombreux que les seuls gaullistes. Dans un contexte aussi favorable, François Mitterrand, candidat unique de la gauche, devrait remporter cette présidentielle anticipée, d'autant plus que la guerre civile Giscard-Chaban, les deux postulants de la droite, déchire le camp conservateur.

Cette fois, Badinter s'engage à fond dans la campagne, il écrit des pans entiers des discours de Mitterrand ; il le prépare aux interventions télévisées, le cauchemar du candidat ; il veille à l'équilibre des temps de parole entre les candidats, ce qui, au temps de l'ORTF à la botte du pouvoir, n'est pas une mince affaire.

Au premier tour, Mitterrand rassemble 43,2 % des voix, Giscard 32,6 %. À la veille du deuxième tour, le 10 mai 1974, Valéry Giscard d'Estaing et François Mitterrand s'affrontent dans le studio 101 de la Maison de la radio. Vingt millions de Français observent. Le climat est tendu. Très à l'aise, Giscard, 48 ans, reproche à Mitterrand d'être un « homme du passé ». Mitterrand l'accuse de faire le jeu « d'une petite catégorie de privilégiés ». « Il n'est pas acceptable, ajoute-t-il, que des millions de gens vivent difficilement, c'est une question d'intelligence, c'est aussi une affaire de cœur. » La réplique de Giscard fuse : « Je trouve choquant et blessant de s'arroger le monopole du cœur. Vous n'avez pas, monsieur Mitterrand, le monopole du cœur. » La formule désarçonne le candidat de la gauche qui peine à reprendre l'offensive. Elle entre dans l'Histoire car, à cet instant précis, la présidentielle vient de se jouer. VGE gagne avec 400 000 voix d'écart. Si peu. La défaite est cruelle. « J'avais prévenu Mitterrand, se souvient Badinter. Prévenu que Giscard pouvait gagner, qu'il répondait lui aussi à certaines attentes de la société française, son âge, une modernité incontestable, une volonté de réformer. » Mitterrand, 58 ans, ne renonce pas pour autant. Il le fait vite savoir à un entourage déstabilisé par cette défaite. Badinter va suivre, comme à l'accoutumée. Mais a-t-il le choix, lui qui sait tout de Mitterrand, plus que les autres à coup sûr, vie privée et vie politique confondues ?

Les Badinter sont proches d'Anne Pingeot, la femme « clandestine » qui, depuis 1962, partage (en partie) la vie de François Mitterrand. Quand ils se sont rencontrés, elle avait 20 ans, lui 47. François Mitterrand refuse de divorcer, « ça ne se fait pas », notamment si l'on veut accéder à l'Élysée dans cette vieille société catholique. Mitterrand s'est donc organisé en cloisonnant : les amis qui fréquentent Danièle, l'épouse légitime, ignorent Anne, et vice versa. Cette manière de faire et de vivre convient fort bien à Badinter. Élisabeth et lui sont parmi les premiers à apprendre qu'Anne Pingeot est enceinte. Elle accouche à Avignon, le 18 décembre 1974, d'une petite fille, Mazarine. À la mairie, celle-ci est déclarée de père inconnu. Après sa victoire présidentielle de 1981, Mitterrand redoute de ne pas résister à son cancer. Il est bouleversé par le manuscrit en préparation du polémiste Jean-Edern Hallier où sa fille est présentée comme une « bâtarde ». Il souhaite donc reconnaître Mazarine au plus vite. Badinter se charge de l'ensemble des formalités, la signature de l'acte notarié ayant lieu à son domicile rue Guynemer. Ce jour-là, pour plus de discrétion, Élisabeth Badinter assure elle-même le secrétariat sur une vieille machine à écrire.

La discrétion, toujours la discrétion. La discrétion gage d'amitié.

Chapitre X

Mitterrand, Vichy et les Juifs…

Le 10 juillet 1992, on apprend que François Mitterrand se rendra le 16 juillet suivant à la cérémonie célébrant le 50e anniversaire de la rafle du Vel' d'hiv'. Une importante décision politique, historique et symbolique, puisque, jusque-là, aucun chef de l'État n'avait estimé nécessaire de partager ces quelques instants avec les derniers rescapés, de s'y recueillir et de rendre hommage à ces Juifs déportés depuis le cœur de Paris. Cette opération – plus de 13 000 arrestations – avait marqué un tournant dans la politique du gouvernement de Vichy, avec, pour la première fois, l'arrestation de femmes, d'enfants et de vieillards.

À la veille de la commémoration, des intellectuels, des écrivains, des artistes avaient exigé de Mitterrand qu'il profite de l'occasion pour « reconnaître la responsabilité de l'État français dans les crimes commis contre les Juifs de France ». Ces prestigieux signataires – les résistants Raymond et Lucie Aubrac, le philosophe Jacques Derrida, le romancier Patrick Modiano, le journaliste Jean Lacouture ou encore l'humoriste Guy Bedos – ne sont pas hostiles à Mitterrand, encore moins des adversaires. Ils le mettent ainsi au pied du mur.

Deux jours avant la cérémonie, à l'occasion de sa traditionnelle intervention télévisée du 14 Juillet, François Mitterrand répondait aux questions de trois journalistes, François-Henri de Virieu, Paul Amar et Gérard Carreyrou. Parmi les thèmes abordés, la reconnaissance de la responsabilité de la France dans la rafle du Vel' d'hiv' et dans la déportation des Juifs. François Mitterrand n'en démord pas : « Il y a la République dont la première action a été de reconnaître que les Juifs étaient français. La République a fait ce qu'elle devait faire. En 1940, l'État français, c'était le régime de Vichy, ce n'était pas la République. À cet État, on doit demander des comptes… La Résistance s'est fondée sur la non-reconnaissance de l'État français. »

La réponse du Président est sans appel, c'est non, pas d'excuse. Et d'insister : « La République n'a rien à voir avec les lois antijuives. J'estime, moi, en mon âme et conscience, que la France non plus n'en est pas responsable, que ce sont des minorités activistes, qui ont saisi l'occasion de la défaite pour s'emparer du pouvoir, qui sont comptables de ces crimes-là. Pas la République, pas la France ! Donc, je ne ferai pas d'excuse au nom de la France. » Voilà qui est dit.

Le refus de Mitterrand déclenche une salve de polémiques et suscite une émotion sans précédent. Les gaullistes, notamment Charles Pasqua et Philippe Séguin, approuvent ce refus puisque, dans notre histoire française et républicaine, Vichy serait « nul et non avenu ». Jacques Chirac, lui, reste silencieux, et pour cause : quelques années plus tard, en 1995, élu à son tour président de la République, il prendra une position « historique » à rebours : « Ce jour-là [la rafle du Vel' d'hiv'], la France accomplissait l'irréparable [...]. Manquante à sa parole, la France livrait ses protégés à leurs bourreaux »... À gauche, Jean-Pierre Chevènement, à l'inverse de la plupart de ses « camarades » qui n'approuvent pas les explications du Président, s'aligne sur la position de Mitterrand et sur celle de la « tradition » gaulliste.

Et Badinter ? Lui aussi, à la surprise générale, pour le plus grand étonnement de ses amis, assume la ligne Mitterrand et s'en explique sans gêne aucune : « Qu'il s'agisse des Juifs ou des résistants, la République ne saurait être tenue pour coupable des crimes commis par les hommes de Vichy, ses ennemis. Mais elle doit à leurs victimes l'ultime hommage que nous puissions leur rendre : l'enseignement de la vérité et la force de justice. » Et d'ajouter : « On ne répond pas des crimes de son ennemi. Est-ce qu'on peut imaginer un seul instant la République tenue pour comptable des assassinats de résistants par les policiers de Vichy ? La question n'est pas différente pour les Juifs. Elle se pose dans les mêmes termes, même s'il s'agit d'un génocide. » La venue de François Mitterrand, le 16 juillet 1992, à la cérémonie d'hommage aux victimes de la rafle, répond à la demande de Badinter : la République n'a pas à s'excuser, mais elle doit se ranger aux côtés des victimes.

Lors de la cérémonie, le Président doit déposer une gerbe, mais il n'est pas prévu qu'il prenne la parole. Quand François Mitterrand s'approche de la stèle commémorative, quelques militants de l'extrême droite sioniste, qui par ailleurs lui reprochent d'être favorable à la création d'un État palestinien, hurlent « Mitterrand à Vichy », troublant le recueillement général. Mitterrand reste impassible. « Il n'était pas désarçonné, se souvient Badinter. Absolument pas. Il en avait vu et subi d'autres, des sifflets, des hurlements, des menaces, des situations bien plus rudes dans sa très longue carrière. » Mais Badinter, lui, ne supporte pas. Le visage et la voix déformés par la colère, il s'empare du micro : « Avec toute ma force d'homme, je vous le dis : vous m'avez fait honte ! Taisez-vous ou quittez ce lieu de recueillement, vous déshonorez la cause que vous croyez servir. » Il répète : « Vous déshonorez la cause que vous croyez servir. »

Sa diatribe prête à confusion. Pour beaucoup, Badinter, « en bon soldat », se serait porté au secours de son ami. Il dément : « Aider Mitterrand… Mais alors pas du tout. Je vous ai déjà expliqué qu'il fallait bien plus que quelques huées pour le déstabiliser. Alors, essayez de comprendre plutôt que de m'intenter un mauvais procès ! Avant le déclenchement des incidents, une femme, raflée avec ses parents, était venue témoigner, raconter. En larmes. Puis le grand rabbin de France avait dit le kaddish, la prière des morts. L'office étant fini, c'est à ce moment que Mitterrand apparaît – le président de la République ne peut en effet assister à une cérémonie religieuse. Des hurlements s'élèvent. Toute ma vie, je me suis souvenu de ce que me disait ma grand-mère : "Fais attention quand tu parles des morts, ils écoutent ce que tu dis." Et l'idée que des Juifs, pour des raisons politiques minables, des Juifs d'extrême droite, transforment ces instants d'émotion voués à ceux qui avaient vécu le martyre en une opération anti-Mitterrand, c'était inacceptable pour moi. »

Puis Badinter prononce le discours prévu, en présence du chef de l'État, un discours dit par « un homme, précise-t-il, qui vous connaît depuis longtemps et qui s'honore, monsieur le président de la République, de votre amitié ». Discours qui nous éclaire sur son rapport au judaïsme, sur les racines de ses engagements.

Il évoque la France et les Français, mais aussi, entre les lignes, il parle de lui.

« Comme chacun d'entre vous, je suis venu pour honorer la mémoire de ceux qui ont enduré ici les pires souffrances [...]. Je veux seulement évoquer les devoirs que nous avons, nous, vivants, envers ces morts : le souvenir, la vérité, la justice.

« Certes cette rafle immense, cette chasse aux Juifs déclenchée dans les quartiers populaires, les nazis l'avaient voulue [...]. Mais cette opération monstrueuse n'aurait jamais pu être réalisée sans le concours actif des autorités françaises [...]. En vérité, depuis trop longtemps la propagande antisémite et la xénophobie étaient à l'œuvre en France. On ne déverse pas impunément les poisons de la haine sans altérer l'âme d'une nation.

« On ne saura jamais assez ce que représentait en ces temps-là, pour tant d'âmes juives, la France. Dans le plus petit village à l'est de l'Europe, son nom résonnait comme une promesse de dignité, de fraternité [...]. Il faut avoir entendu, comme moi dans mon enfance, ces Juifs, venus de si loin, dire, avec leurs accents inimitables, leur amour de la France, leur foi dans la France, pour mesurer ce que signifiait pour eux, dans ces moments terribles, cet abandon-là, cette complicité-là.

« La blessure était trop profonde pour jamais cicatriser complètement. Nous avons si longtemps espéré que reviendraient ceux qui nous avaient été ainsi arrachés ! Et dans cette longue attente de l'impossible retour s'est gravée en nous la parole du prophète, qui nous dicte notre devoir : “Les fils des persécutés doivent garder la mémoire des persécutions subies par leur père et être les gardiens de la justice.” »

La polémique ne va plus cesser. Serge Klarsfeld, président de l'Association des fils et filles de déportés juifs de France (FFDJF), révèle que Mitterrand fait déposer une gerbe chaque 11 Novembre sur la tombe du maréchal Pétain à l'île d'Yeu. Le Président prétend honorer le Pétain de la Grande Guerre. Dans un entretien accordé à Radio J, François Mitterrand avait reconnu qu'il devrait « gérer autrement » la « contradiction fondamentale » qui existe entre l'hommage au vainqueur de Verdun et le souvenir de la honte de la rafle du Vel' d'hiv' en 1942. En tout état de cause, il refuse toujours de reconnaître la responsabilité française, mais signe un décret instituant une journée de commémoration du martyre des victimes de la rafle.

On est en droit de penser que François Mitterrand n'a pas pu ou n'a pas voulu trouver les mots nécessaires. Un homme de son âge était-il seulement en mesure de comprendre, et donc de répondre, à cette exigence de mémoire et de reconnaissance des « crimes français » ? À l'inverse de Jacques Chirac, d'une autre génération, qui, quelques années après, marquera par une seule phrase – « Ce jour-là, la France a commis l'irréparable » – la responsabilité et la complicité de la France dans la Shoah.

Mais un personnage, soudain, surgit entre Mitterrand et Badinter. René Bousquet. L'affaire Bousquet, le scandale Bousquet qui, quoi qu'en dise Robert Badinter lui-même, va, sinon dégrader, du moins obscurcir ses liens indéfectibles avec François Mitterrand. Est-il seulement plausible qu'il n'ait jamais songé à rompre avec son ami-Président après avoir su ? Mais su quoi, précisément ?

René Bousquet, secrétaire général de la police sous le régime de Vichy en 1942 et 1943, le véritable ministre de l'Intérieur du régime, organisateur en chef de la rafle du Vel' d'hiv', les 16 et 17 juillet 1942 : 13 152 arrestations dont 4 115 enfants, 9 000 policiers et gendarmes français à la manœuvre, moins de cent survivants qui reviendront d'Auschwitz. Bousquet, inculpé en 1991 pour crime contre l'humanité. Bousquet, l'ami de Mitterrand, lui aussi…

En 1994, une bombe vient blesser et déchirer les Français, la gauche, le camp mitterrandiste. Et, en conséquence, Robert Badinter. Le journaliste Pierre Péan publie une retentissante enquête sous le titre : *Une jeunesse française. François Mitterrand, 1934-1947*. Un livre que l'auteur souhaite *a priori* favorable à son « héros ». Péan croit aider Mitterrand à « mettre sa vie en ordre », à révéler aux Français qui il est vraiment, dans la complétude d'une vie d'aventurier politique. On savait déjà que Mitterrand s'était activement engagé avant guerre à droite, une droite nationaliste qui versera dans le pétainisme et le vichysme ; maréchaliste convaincu, Mitterrand choisit ce camp avant de basculer, courant 1943, dans la Résistance et de s'y illustrer.

En réalité, le passé vichyste du « jeune » François Mitterrand n'a jamais été occulté. La presse d'extrême droite, en particulier l'hebdomadaire *Minute*, a raconté à de nombreuses reprises et dans le détail comment, étudiant dans les années 1930, Mitterrand se rapproche des ligues d'extrême droite, comment, simple fonctionnaire du régime de Vichy, travaillant au sein du commissariat aux prisonniers de guerre, il flirte avec la Légion des combattants et volontaires de la Révolution nationale laquelle a pour slogan : « Contre la démocratie, contre le bolchevisme, contre la lèpre juive. » Mais ces révélations publiées dans des journaux fascisants n'ont jamais été prises au sérieux puisque, précisément, elles viennent de l'extrême droite. On veut d'autant moins y croire que la gauche a besoin de Mitterrand, de son charisme, de sa volonté de vaincre. Qu'importent alors les rumeurs de vichysme. Les nouveaux amis socialistes de Mitterrand choisissent de s'accommoder de ce trouble passé. Effacer le vichysme de Mitterrand est d'autant plus aisé que son engagement dans la Résistance est incontestable. « Pour un homme qui a une culture familiale de droite, qui est ambitieux, qui a des relations, se retrouver à travailler pour le régime de Vichy, c'est relativement banal, commente l'historien Henry Rousso, l'un des meilleurs spécialistes de la période. Ce qui l'est moins, c'est la suite du parcours, le passage de Vichy à la Résistance. D'autant plus qu'il y jouera un rôle important. » Et « la nouveauté, selon lui, ce sont des précisions livrées à Péan par François Mitterrand lui-même ».

Le voile levé sur les zones grises de l'itinéraire Mitterrand a l'effet d'une déflagration. Le premier choc, violent, c'est la couverture, un cliché en noir et blanc pris dans le grand salon du casino de Vichy : elle est illustrée avec deux photos de François Mitterrand dont l'une face au maréchal Pétain prise le 15 octobre 1942. Document accablant. Image qui dit tout, avant même ce que la lecture d'*Une jeunesse française* va révéler au grand jour, notamment les liens que Mitterrand maintient après la Libération, et jusqu'au dernier jour, avec ses « compagnons » vichystes et pétainistes.

Dès sa sortie, ce livre, cette photo en particulier, tourmente la gauche. D'où ce commentaire de Lionel Jospin : « On aurait pu rêver d'un itinéraire plus simple et plus clair pour celui qui fut le leader de la gauche. » Il parle de Mitterrand… au passé. On peut encore relever ce mot, d'une rare cruauté, de Jean Daniel dans *Le Nouvel Observateur*, le journal de cette même gauche : « Ce qui pose un problème, ce n'est pas d'avoir été maréchaliste avant de devenir résistant, c'est d'être resté maréchaliste après. Or il semble bien que Mitterrand pense, aujourd'hui encore, que Pétain a été un moindre mal. Je ne vois pas que le Président ait pensé que Pétain aurait pu au moins se conduire à l'égard des Juifs comme l'ont fait le roi du Danemark, le roi du Maroc et même Franco. » Et cette confidence du philosophe Régis Debray qui, longtemps, travailla auprès de Mitterrand : « J'en savais trop et pas assez ; je savais et je ne savais pas, je ne voulais pas savoir. »

Mais que sait Badinter ? Quoi et comment ? Avait-il pris connaissance des révélations de la presse d'extrême droite ? Sans doute. Y accorde-t-il le moindre crédit ? Sans doute pas ! A-t-il seulement abordé le sujet avec Mitterrand ? Rien n'est moins sûr. De cette période vichyste, parle-t-il avec son ami ? Impossible d'obtenir de sa part quelque éclaircissement que ce soit. Silence et gêne... Une confidence tout de même, mais à revers : « J'avais raconté à Mitterrand, dans les moindres détails, la scène effrayante de la déportation de ma grand-mère paternelle, le jour de Kippour 1942. » Cela n'avait pourtant pas poussé Mitterrand à se dévoiler, à regretter quoi que ce soit. Au plus fort de la polémique Bousquet, le Président se contentera de préciser « qu'à Vichy, il ne savait rien du statut des Juifs ». Comme une provocation, personne en effet ne peut prendre cette remarque au sérieux, et certainement pas Robert Badinter.

Badinter l'ami, Badinter le confident, Badinter le complice des bons et mauvais jours, a-t-il fait semblant lui aussi de ne pas savoir ? Il n'en dit rien. Pas un mot. Chacun qui compte un tant soit peu à gauche s'autorise un commentaire, un avis, un jugement. Excepté Robert Badinter dont tous guettent pourtant la parole. Fermeture. Refus.

Le malaise est d'autant plus fort que Péan raconte dans le détail les liens étroits, amicaux, maintenus en dépit de tous les aléas, entre le vieux Président et René Bousquet, l'ex-chef de la police de Vichy, l'organisateur de la rafle du Vel' d'hiv', détenu à Fresnes deux années durant, de 1945 à 1947, certes condamné en 1949 à cinq années de dégradation nationale, mais peine aussitôt relevée pour services rendus à la Résistance, inculpé en 1991 pour crime contre l'humanité, assassiné en juin 1993 par un illuminé, Christian Didier. Quelques années après la Libération, Bousquet est à nouveau un personnage d'influence au sein de la presse, de la politique, de la banque et des affaires. Il sera par exemple le banquier de la première campagne présidentielle de Mitterrand en 1965. Badinter n'y avait pas participé, il préparait son agrégation de droit et les deux hommes ne se sont pas croisés. Ses liens étroits avec Bousquet, Mitterrand les assume quand Péan l'interroge : « C'était un homme d'une carrure exceptionnelle. Je l'ai trouvé plutôt sympathique, direct, presque brutal. Je le voyais avec plaisir. »

Incroyable personnage que Mitterrand, si fier d'une existence à la fois multiple, contradictoire et étanche, lié d'une amitié profonde avec des Juifs – Georges Dayan, Georges Beauchamp, Charles Salzmann, Robert Badinter – et, dans le même temps, intime de Bousquet, le maître d'œuvre de la rafle du Vel' d'hiv'. Un an après la disparition de Mitterrand, invité sur le plateau de Bernard Pivot, Badinter observe un court silence avant de répondre au journaliste qui l'interroge sur les liens entre Mitterrand et Bousquet : « C'était un ami. C'était lui, c'est moi, et maintenant, c'est un rapport à un ami mort. Ce n'est pas à moi de jouer les procureurs de vertu. » Il n'en dira pas plus.

À chacun de nos entretiens, nous l'avons questionné à propos de la liaison Mitterrand/Bousquet, sur le choc (amical, intime et politique) consécutif aux révélations de Péan. Il a à peine tressailli.

« Raconterez-vous un jour ce qui s'est passé entre François Mitterrand et vous après les révélations de Pierre Péan ?

– Non, et pourquoi le ferais-je ?

– Mais nous savons que vous lui avez écrit...

– Oui, je lui ai écrit et je lui ai parlé de cette affaire Bousquet. Il ne m'en a jamais parlé, lui...

– Vous accepteriez de nous faire lire cette lettre écrite à Mitterrand ?

– Évidemment pas, ça ne regarde personne...

– Avez-vous rencontré Bousquet ?

– Jamais. Je n'ai jamais rencontré Bousquet. Mais je vais vous faire une confidence : j'ai beaucoup travaillé sur le cas Bousquet. J'ai voulu savoir quand il avait rencontré Mitterrand [l'aveu que cette affaire le perturbe bien davantage qu'il ne le reconnaît]. À force d'avoir recoupé de multiples témoignages, je suis convaincu qu'à Vichy, Bousquet et Mitterrand ne se fréquentaient pas. Et pour cause : Bousquet était chef de la police, la force la plus importante du régime pétainiste. Cela donne d'ailleurs toute la mesure du personnage et de ses responsabilités. Vichy, c'était l'enfer des galons, des ambassadeurs, des généraux et des amiraux. Tout le monde était gradé, décoré. Et Mitterrand, c'était quoi ? Un petit contractuel travaillant auprès du commissariat aux prisonniers de guerre. Je le sais : à Vichy, il n'y a jamais eu de rapport direct entre Mitterrand et Bousquet. La distance était trop grande entre le beau Bousquet galonné et Mitterrand dans son costume de confection…

– Mais après la guerre, on sait tout de Bousquet, de ses responsabilités. Et Mitterrand n'en continue pas moins de le fréquenter…

– À la Libération, la rafle du Vel' d'hiv' est occultée, personne ne songe à mettre en exergue le rôle de Bousquet, un homme si habile. Il a été arrêté en Allemagne dans une villa mise à sa disposition par les nazis. Jugé trois ans après en haute cour – devant des jurés résistants ! –, il est acquitté du chef d'intelligence avec l'ennemi. Acquitté ! Frappé d'indignité nationale, il en est aussitôt relevé pour services rendus à la Résistance. C'est le seul collabo accusé et jugé qui est sorti du tribunal avec un brevet de Résistance. Le vrai scandale Bousquet, c'est ça ! Bousquet, c'est une canaille supérieure qui se foutait de l'antisémitisme. Seules lui importaient ses ambitions et le sort des Juifs lui était indifférent... »

Badinter est alors intarissable : « Savez-vous que, lors du procès Bousquet, deux heures, deux heures seulement, ont été consacrées à la rafle du Vel' d'hiv'... Et Bousquet a monopolisé la parole... Savez-vous aussi qu'à partir des années 1960, il fréquentait Jacques Chaban-Delmas et Edgar Faure, qu'il connaissait Pierre Mendès France... »

Bousquet deviendra pourtant infréquentable quand, en 1978, dans *L'Express*, Louis Darquier de Pellepoix, commissaire général aux Questions juives de 1942 à 1944, rappelle sa responsabilité dans la rafle du Vel' d'hiv'. Il devient alors maudit. À l'exception de Mitterrand qui n'hésite pas à poursuivre leur relation. Comme si de rien n'était...

Et Badinter ? Comment supporte-t-il cette situation, cet entêtement de Mitterrand à revendiquer ses liens avec Bousquet ? Il n'en dit toujours pas un mot et il assume ce mutisme. Faudra-t-il se contenter de ces quelques réflexions, au micro de RTL en janvier 1997 ? « J'ai été un ami et j'aimais beaucoup

François Mitterrand. Il savait très bien ce que je pensais [à propos de Bousquet] et il savait aussi pourquoi. Ne croyez pas qu'il fût le moins du monde insensible à ce qui est advenu de tragique à la communauté juive ! J'ai toujours connu François Mitterrand plus préoccupé que la plupart de cette tragédie-là. »

Puisque Badinter le dit…

Selon la formule de l'historien Henry Rousso et du journaliste Éric Conan, Vichy est un « passé qui ne passe pas ». Mitterrand et Badinter divergent en particulier sur l'utilité et l'usage des procès de l'Occupation, quatre décennies après la fin de la Seconde Guerre mondiale. Le Président n'est pas hostile à ce que la justice française juge, en 1987, le nazi allemand Klaus Barbie, chef de la Gestapo à Lyon. Barbie qui a raflé Simon Badinter. Pour Badinter, Barbie croupissant dans une cellule de la prison Montluc où tant de Juifs et de résistants ont souffert, c'est « une victoire morale sur les hommes de sang, de torture et de mort ». Mitterrand, en revanche, est opposé à ce que des « collabos » français soient traînés en justice. Il s'en explique : « Ce genre de procès, cinquante ans après les faits, n'a guère de signification et les grands déchirements de notre histoire ont toujours été suivis d'amnisties ou d'oubli nécessaires car une nation ne peut toujours entretenir ses rancœurs. » Mitterrand prône la nécessité de la concorde et de la paix civile entre les Français. Qu'on laisse la place aux historiens, argue-t-il, puisque « le plan judiciaire n'est pas adéquat ». Il insiste : « Les événements d'il y a bientôt un demi-siècle, aussi tragiques qu'ils aient été, ne doivent pas être remués aujourd'hui. »

Badinter pense à l'inverse. Contre Mitterrand. Mais il s'abstient d'en faire une polémique publique. Autant il approuve la position gaullo-mitterrandienne – la République et la France n'ont pas à s'excuser des crimes de Vichy –, autant la pédagogie de la justice, des procès, des témoignages – ceux des derniers survivants –, des plaidoiries lui semble indispensable. « Ce qui est nécessaire, explique-t-il, c'est que la vérité soit connue, établie dans tous ses détails, dans toute sa cruauté, et qu'on sache bien que les responsables de Vichy ont joué un rôle actif, de premier plan, dans la déportation des Juifs de France. Ce n'est pas le châtiment qui importe. C'est le jugement. C'est la force de la justice qu'on veut voir exercer. Il faut savoir ce qui est advenu. Il faut aussi l'apprendre aux jeunes générations. C'est une des raisons pour lesquelles les procès sont ici des contributions importantes. » D'abord le procès Barbie, en mai 1987. Premier procès à juger en France des crimes contre l'humanité. Dans le box, le chef de la Gestapo à Lyon qui, le 9 février 1943, a « raflé » Simon Badinter. « C'est donc l'assassin de mon père que le destin avait conduit, par des voies extraordinaires, jusqu'à moi qui avais la responsabilité première, comme ministre de la Justice, de veiller à ce qu'il soit jugé conformément au droit », raconte Badinter.

Pour défendre le gestapiste, l'avocat Jacques Vergès, tiers-mondiste radical. Même génération que Badinter. Obsédé par Badinter. Antisioniste et anti-israélien pathologique, flirtant ouvertement avec l'antisémitisme. Avocat du financier nazi suisse François Genoud, Vergès prend en charge avec morgue et emphase la défense de Barbie. Le ministre Badinter veille à ce que le procès se déroule dans le respect absolu des règles de droit. L'enjeu est de taille. Personne ne conteste la nécessité de ce jugement, même si Klaus Barbie n'est pas poursuivi pour la mort de Jean Moulin puisque sa précédente condamnation par contumace avait acquis l'autorité de la chose jugée. Seuls étaient susceptibles de poursuite les crimes contre l'humanité, imprescriptibles, ceux qui n'avaient pas été jugés à la Libération, les arrestations et déportations de Juifs, dont celles des 44 enfants de la colonie d'Izieu. Barbie sera condamné à la perpétuité. Badinter reste pourtant convaincu de l'utilité pédagogique des procès « franco-français ». Celui de Maurice Papon, après celui de Paul Touvier, lui en fournira une preuve éclatante.

Un cas de figure parfait. Député (gaulliste) du Cher de 1968 à 1981, cette personnalité de la droite républicaine a été un ministre en charge du Budget pendant plus de trois ans sous le septennat de Valéry Giscard d'Estaing dans le gouvernement dirigé par Raymond

Barre. *Le Canard enchaîné* révèle que Papon, secrétaire général de la préfecture de Gironde à compter de 1942, a organisé la déportation de 1 600 Juifs vers Drancy entre juillet 1942 et mai 1944. Inculpation, en 1983, pour crime contre l'humanité. Renvoi devant la cour d'assises de la Gironde en septembre 1996... Ouverture, en octobre 1997, du plus interminable procès de l'histoire judiciaire française. Verdict le 2 avril 1998 : Papon est condamné à dix ans de réclusion criminelle pour « complicité de crime contre l'humanité », les jurés estimant qu'il ne savait rien d'Auschwitz et des camps d'extermination. Papon est incarcéré à la prison de la Santé en 1999.

François Mitterrand était hostile à ce procès, il y voyait une atteinte inutile à l'unité nationale. Robert Badinter pensait l'inverse. En ont-ils parlé ensemble ? Ont-ils confronté leurs points de vue ? Badinter a-t-il essayé de convaincre son ami qu'il s'égarait, qu'une société ne se (re)construit pas sur l'occultation ? Question toujours sans réponse.

Mais voilà que Robert Badinter provoque le scandale. À cause de Papon. En janvier 2001, il considère que, après quinze mois d'emprisonnement, Papon, 90 ans, doit être libéré. « C'est un vieillard, le maintenir en prison à cet âge-là n'a, à mes yeux, plus de portée. Ce qui est important et essentiel, c'est l'œuvre de justice, la mise en lumière, si importante pour les jeunes générations, de ce qui est advenu, et la condamnation satisfait à mes yeux l'exigence de justice. On dit "crime contre l'humanité", je dirais qu'il y a un moment où l'humanité doit prévaloir sur le crime. » Étonnante formule qui suscite d'abord la sidération – le fils de Simon qui demande l'élargissement de Papon ? – puis la tempête. « Je n'avais plus reçu autant de courriers insultants depuis l'affaire Patrick Henry. Au mieux de l'incompréhension. Au pire des accusations de connivence ou de complaisance envers un homme que je n'avais jamais croisé et avec qui je n'avais rien en commun, rien… » Mais cette fois, ce sont des Juifs qui l'interpellent et le maudissent. Si l'ethnologue Germaine Tillon, une figure de la Résistance, le soutient, l'avocat Serge Klarsfeld, président de l'Association des fils et filles de déportés juifs de France, et Jean Kahn, alors président du Conseil représentatif des institutions juives de France (CRIF), le désapprouvent. Ils tentent de le faire changer d'avis en lui rappelant qu'il est fils de déporté. Les arguments d'ailleurs ne sont pas dépourvus de sens : « La justice française doit être appliquée, d'autant que jamais les nazis et leurs complices n'ont tenu compte de l'âge de leurs victimes. En conséquence, il faut appliquer la loi du talion. » La loi du talion… Ce que Badinter a toujours combattu. Les socialistes, prudents, s'abstiennent. Trop dangereux. Il semble à contretemps, mais il n'en démord pas, persuadé que sa « ligne » humaniste reste juste. Maurice Papon sera bien libéré pour raison de santé.

Badinter obtiendra aussi que l'on filme les « grands » procès historiques. Pour laisser une trace. « À l'audience, les journalistes entrent librement, c'est une garantie. Pourquoi les caméras n'y seraient-elles pas ? » Il a en tête ces extraits des Actualités françaises qui montrent Pierre Laval décomposé, voûté, vieilli entrer dans la salle du tribunal qui juge Pétain en juillet-août 1945. Jusque-là impassible, le visage de l'ex-chef d'État se tord. Il redoute le témoignage de celui qu'on a fait passer pour son mauvais génie. La caméra a saisi ce regard. Pour l'Histoire. La loi votée précise donc que seront filmés les « procès revêtant une dimension événementielle, politique ou sociologique telle qu'ils méritent d'être conservés pour l'Histoire ».

En 2007, le négationniste Robert Faurisson lui intente un procès pour diffamation pour l'avoir dénoncé comme « faussaire de l'Histoire ». Le film de l'audience établit les mensonges du révisionniste et montre Badinter qui fend l'armure et se raconte : « J'avais 13 ans, en octobre 1941, quand mon oncle a été arrêté au domicile que nous venions de quitter. Il a été dénoncé et envoyé au camp de Drancy et, de là, il a disparu. J'avais 14 ans quand ma grand-mère paternelle a été arrêtée par des policiers français sur ordre de Bousquet. C'était au début de l'automne 1942.

Elle avait 80 ans, on l'a descendue sur une civière, on l'a envoyée à Drancy et on n'a plus eu de nouvelles. J'allais avoir 15 ans quand mon père a été déporté à Lyon, le 9 février 1943, par la police allemande sur ordre de Klaus Barbie. Nous n'avons plus jamais eu de ses nouvelles. C'est cela, mon adolescence à moi. »

Chapitre XI

La passion Hugo

À qui veut l'entendre, Robert Badinter, avare de confidences sur ses goûts, clame : « Je suis hugolâtre ! » Enrôlé dans l'armée des adorateurs dès son enfance par son père, il est capable d'en réciter par cœur de très nombreux poèmes. Quiconque a pénétré dans son appartement parisien s'en rend compte. Il collectionne bustes de Hugo, photos, autographes, livres, gravures. Tout ce qui touche à l'écrivain trouve place dans son bureau. Les quelques parties de murs libres sont occupées par un tableau de Jacques Monory symbolisant la justice aux yeux bandés, et par un portrait de Michel Foucault signé Gérard Fromanger. Sur une des étagères de la bibliothèque, on remarque deux bustes de Victor Hugo : l'un, bras croisés, aux tons orangés, l'autre blanc et sans bras.

Sur une commode Second Empire sont exposés, encadrés, autographes et documents de l'écrivain.

À ses visiteurs, Badinter se plaît à montrer une photo d'Hugo en exil à Jersey avec sa barbe républicaine, son « front sublime », ses mains fortes. Il aime à dire à haute voix ce qui est écrit de la main du poète sous la photo : « Mettez le juge dans un plateau, placez le bourreau dans l'autre, pesez la justice humaine, et dites-moi ce que vous pensez de la peine de mort. »

Assurément, le combat de sa vie, l'abolition de la peine de mort, doit beaucoup à Victor Hugo : « C'est l'inspiration, c'est l'exemple, c'est le génie aussi qu'on ne peut pas espérer atteindre. » D'après Badinter, l'influence de l'écrivain, s'exerçant bien au-delà des assemblées et des cercles de pensée, a sauvé plus de « têtes » que les plaidoiries des avocats au XIXe siècle. Partout, à l'école et au collège en particulier, les élèves apprennent les vers de Hugo, lisent *Les Misérables*, connaissent *Les Derniers Jours d'un condamné.* Et donc, relève Badinter, « à l'heure du grand choix, celui qui engage votre conscience pour toujours, je suis convaincu, à cet instant-là, parmi les générations de jurés qui se sont succédé, que certains ont refusé la peine de mort parce qu'ils ont lu Hugo ».

Ce n'est pas un simple exercice d'admiration. Comme tout inconditionnel d'un écrivain, Badinter cherche à convertir. Il ne se contente pas de collectionner tout ce qui touche à Hugo, il aime en parler. Quiconque l'invite à prononcer une conférence sur Hugo est assuré de sa présence. Lors de l'année Victor Hugo en 2002, on ne s'étonne pas de l'entendre au Sénat, à la Bibliothèque nationale de France, aux Rendez-vous de l'Histoire de Blois, dans tant d'autres colloques et manifestations consacrés à l'écrivain. Plus touchante, sa présence à la maison d'arrêt de Villepinte le 4 décembre 2017. « Un hugolâtre en prison », titre *Le Parisien.* « Assis sur des chaises de plastique rouge alignées dans le gymnase de la prison, une centaine de détenus l'ont écouté pendant une heure leur parler de Victor Hugo, "grand abolitionniste". Il leur a répété une phrase de l'écrivain : "Il est un droit qu'aucune loi ne peut entamer, qu'aucune sentence ne peut retrancher, le droit de devenir meilleur." » L'œuvre d'Hugo « constitue, pour eux aussi, un message, précise Badinter. Je ne suis pas le défenseur des causes perdues, mais de celles que je crois justes ».

Dans la salle, une partie des détenus se lèvent pour l'applaudir, l'un d'eux s'avance avec une balance en bois, effigie de la justice, sculptée aux initiales RB. Beaucoup réclament une poignée de main et une photo. Il est émouvant, cet objet en bois, pareil à de l'art brut, qui trône en bonne place sur le bureau de Badinter, posé à côté de la une du *Monde* annonçant le vote de la loi abolissant la peine de mort par l'Assemblée nationale, agrémenté d'un dessin de Plantu qui a ajouté à la main « Merci, Robert Badinter ».

Loin des auditoires habituels, Badinter aime rendre visite à des détenus comme au temps où il était jeune avocat. En juillet 2012, il accepte l'invitation du responsable de la bibliothèque de la prison de Liancourt dans l'Oise à faire une conférence. Dans cet établissement carcéral, il découvre une avenue qui porte son nom. Une centaine de mètres de bitume, bordés de plates-bandes sans grâce, au bout desquels se dresse l'imposante masse de béton gris de la prison. À son habitude, dans sa langue châtiée où un imparfait du subjonctif se glisse au détour d'une phrase, Badinter fait le tour du monde du combat pour l'abolition de la peine de mort devant des prisonniers silencieux et captivés. À la fin d'une de ses conférences consacrées à Hugo, il conclut sur une touche personnelle : « Tous les cinq ou dix ans, avec Élisabeth, nous allons fleurir de roses rouges sa tombe et, à chaque fois, je me récite la litanie, toujours plus longue, des pays abolitionnistes… Je suis trop vieux, je ne verrai pas son rêve d'abolition universelle de la peine de mort se réaliser, mais vous, peut-être la verrez-vous… »

Pourquoi, alors qu'il a été comblé de tous les honneurs, a rencontré les grands de ce monde, voyagé dans tant de pays, éprouve-t-il le besoin de retourner dans une prison pour parler à vingt ou trente détenus ? Il faut l'imaginer, haute et mince silhouette, costume sombre, chemise blanche, montre Swatch au poignet, serviette en cuir usée, voix toujours aussi ferme, sourire à ces hommes en jean ou en survêtement, et commencer sa conférence par cette formule qui trahit son émotion : « Voilà soixante ans que je suis entré pour la première fois dans une prison française. » Comme s'il éprouvait une sorte de nostalgie à évoquer ce combat pour améliorer les conditions de détention des prisonniers. En avril 2019, il se rend à la réouverture de la prison de la Santé après de gros travaux, se souvenant de sa première visite en 1951, de la « mitrailleuse allemande » conservée dans la rotonde.

Mélomane, amoureux d'opéra, Robert Badinter s'était lancé, grâce à son écrivain préféré, un nouveau défi. En relisant un essai de Victor Hugo écrit en 1832 à partir de la condamnation à mort et de l'exécution d'un nommé Claude Gueux détenu – déjà – à Clairvaux, il avait trouvé dans ce récit matière pour un opéra. Maniaque comme à l'accoutumée, Badinter s'était rendu aux Archives judiciaires de l'Aube pour consulter ce dossier. Il avait constaté que Hugo s'était éloigné du fait divers, ce qui l'encouragea à son tour à écrire une adaptation très libre. Il a donc transposé à Lyon l'histoire de Claude Gueux, faisant de son héros un de ces canuts, ouvriers des soieries lyonnaises qui se sont révoltés au XIXe siècle, sur les pentes de la Croix-Rousse, à deux pas de l'opéra. Arrêté sur les barricades alors qu'il proteste contre le remplacement des ouvriers du textile par des machines anglaises, le héros est condamné à plusieurs années d'emprisonnement. Il y aime un autre détenu, passion qui le conduira finalement à l'échafaud.

Détestant l'à-peu-près, Badinter fait visiter au compositeur de la musique, au metteur en scène Olivier Py et au directeur de l'opéra de Lyon, l'une des cellules où Claude Gueux fut enfermé. « Clairvaux était un monastère transformé en bagne, on y avait beaucoup prié, puis on y a beaucoup souffert. Cette centrale était une sorte de monstre comme dans les tragédies antiques, qui dévorait les hommes qui lui étaient confiés. Olivier Py saura rendre le caractère tragique de ces lieux magnifiques », explique-t-il.

Son amour pour Hugo se double d'une manie de collectionneur pour tout ce qui touche à la justice et, en particulier, à la peine de mort. Il se définit lui-même comme un « monomaniaque de la justice ». Depuis un demi-siècle, il empile les ordres d'exécution capitale, les mandats d'arrêt, les projets de lois, les lettres de cachet, les éditions originales de codes ou de constitutions, « tout ce qui a trait à l'histoire de la justice ». À ses visiteurs, il ne déteste pas montrer, non sans fierté, telle ou telle acquisition. Adepte de ce qu'il appelle le tourisme judiciaire, quand il va plaider dans une ville de province ou à l'étranger, il se rend toujours au Palais et se glisse dans la foule. « Je considère que c'est un des lieux où l'on sent le mieux une société, une culture, une civilisation. »

Il ne manque jamais de chiner dans les vieilles librairies juridiques autour des palais de justice.

Au fil des années, Badinter a fini par amasser ce qu'il appelle un « fatras intéressant », formule pour signifier qu'il est à la tête d'un trésor exposé en grande partie lors d'une exposition, *Crime et Châtiment*, au musée d'Orsay. Pendant dix ans, l'ancien garde des Sceaux avait frappé à la porte du Louvre, sans succès. Jusqu'au jour où le musée d'Orsay et son conservateur Jean Clair l'ont accueilli. En un temps record, 475 pièces ont été rassemblées et, parmi elles, 45 têtes coupées et 33 membres détachés, des crânes phrénologiques (qui permettent d'étudier le caractère d'après la forme du crâne), une lame de guillotine et des tableaux. La célèbre sentence de Victor Hugo, « Quand vous avez vu la guillotine de près, votre avis sur la peine de mort change », était reproduite à l'entrée et servait d'exergue à cette exposition glaçante qui connaîtra un grand succès. Preuve s'il en est, comme le pense Badinter, qu'« au-delà des artistes et des écrivains, c'est toute la société qui est fascinée par le crime et ses châtiments. Il suffit de constater la médiatisation du fait divers ou la paranoïa sécuritaire que tentent d'imposer certains responsables politiques ». Et il précise, dans le texte du catalogue : « Le châtiment, c'est-à-dire la souffrance légalisée, ritualisée, infligée par la justice, fascine l'artiste. » Et tant d'autres…

En 1982, Robert Badinter avait mis fin à la discrimination qui donnait la majorité sexuelle dès 15 ans aux hétérosexuels et à 21 ans pour les homosexuels. À son habitude, il avait tout lu ou presque sur le sujet. Scandalisé par la répression de l'homosexualité dans l'Angleterre victorienne, il choisit, en 1993, d'écrire une pièce de théâtre *C.3.3.* Interdit d'expression publique et politique, puisqu'il préside à cette époque le Conseil constitutionnel, Badinter prend un immense plaisir à écrire pour le théâtre. Il explique alors comment, avocat, il mettait au point les auditions des témoins : « Je préparais de très longues feuilles et, à partir de la première question, j'ouvrais les trois ou quatre réponses possibles, à partir desquelles j'imaginais la question suivante, et ainsi de suite, jusqu'au bout. [...] Nous ne sommes pas si loin des lois du dialogue théâtral. »

Dans cette pièce, *C.3.3*, numéro de matricule de Wilde quand il fut enfermé à la prison de Reading et pseudonyme sous lequel il signa le seul livre qu'il publia après sa libération, *La Ballade de la geôle de Reading*, Badinter retrace le destin d'Oscar Wilde, « tué pour son homosexualité par la société victorienne ». Dans cette Angleterre de l'époque, on pendait dans la marine pour « bougrerie », mais le Tout-Londres, lui, se fournissait discrètement en petits télégraphistes censés porter des messages. « Quand l'affaire Wilde a commencé, le nombre de pneumatiques a diminué », détaille Badinter. Une des dernières répliques de la pièce est d'Oscar Wilde lui-même et il est facile de comprendre pourquoi Badinter l'a reprise : « Ce qu'il y a de plus terrible avec la prison, ce n'est pas qu'elle vous brise le cœur, tous les cœurs sont faits pour être brisés. C'est qu'elle le change en pierre. »

L'un de ses proches amis, l'auteur dramatique Pierre Barillet, l'a vu arriver à son domicile avec une pièce aussi épaisse que « trois annuaires du téléphone ». Sur les conseils de Barillet, il reprend tout, de la première à la dernière ligne. La critique théâtrale est plutôt mitigée. Elle reconnaît à Badinter la sincérité de son engagement, mais la critique des *Échos*, par exemple, estime que « les débuts de l'auteur dramatique tiennent plus du (bon) dossier que d'une vraie pièce ». Et, guère convaincue par le spectacle, de préciser : « C'est que l'auteur, on le devine d'emblée, a voulu plaider ici autant que créer. Montrer comment "la justice, alors même qu'elle respecte les droits de la défense, peut déboucher sur l'injustice". Dénoncer l'inhumanité, aussi, de la prison et rappeler son horreur de la peine de mort – qu'il fit abolir. La plaidoirie est claire, le message passe. Le théâtre, lui, en souffre un peu »...

Si Robert Badinter montre volontiers les objets de sa collection, il y en a deux autres qu'il ne cache pas, mais qu'il présente plus rarement. Deux cuillères rouillées qui n'attirent pas l'œil si on en ignore la provenance. Elles sont chargées d'histoire et de mémoire. La première vient d'Auschwitz-Birkenau. Badinter l'a ramassée, et le directeur du musée du camp la lui a laissée en souvenir. « Prenez-la. Nous en avons tant d'autres », lui avait-il dit. L'autre lui a été donnée par le conservateur de Rivesaltes, le camp installé en 1938 dans les Pyrénées-Orientales pour l'internement administratif des « indésirables étrangers », Juifs, antinazis, républicains espagnols, livrés ensuite par Vichy au IIIe Reich. « Le conservateur de Rivesaltes m'a expliqué ce à quoi je n'avais jamais songé. Il m'a dit : "Vous savez, la cuillère, c'est l'homme." C'est la cuillère qui laisse dans un camp un restant d'humanité à un homme. » Ces deux cuillères qui semblent si ordinaires, Badinter les conserve précieusement. À côté, le décret de naturalisation de Simon Badinter est sobrement encadré et accroché à hauteur d'yeux. Le texte voisine avec un tableau représentant des Juifs pieux étudiant dans une yeshiva. Simon l'avait acheté avant la guerre, et, dans l'esprit de son fils, il possède une valeur sacrée. Enfin, deux pierres qui viennent du ghetto de Varsovie. Des objets pour l'Histoire.

Chapitre XII

L'icône imparfaite

Robert Badinter est aujourd'hui la dernière icône de gauche inscrite dans la lignée de Jaurès et de Blum. Avec humour, il nous a confié que, si un jour il écrivait son autobiographie, il la titrerait : *L'Imparfait.* « Oui, c'est un joli titre, très exact. Imparfait, je l'ai été, en tout et sur tout. À une exception près, peut-être : j'ai été un (assez) bon fils. Ma mère, avant de mourir, a tenu à me le dire… »

Alors que nous l'interrogions sur ses souvenirs, Badinter nous avait mis en garde : « Il faut se méfier de la mémoire. Chacun, de bonne foi, reconstruit sa vie avec le temps. Il y a une sorte de fragilité, de sélection de la mémoire. On auréole, on noircit, mais c'est rarement la réalité des faits. »

De nombreux éditeurs l'ont pressé de rédiger ses mémoires. Il a toujours refusé car l'exercice ne lui convient pas, en raison d'abord de cette extrême réticence à parler de choses intimes. Chacun soulignerait les omissions, les explications trop lacunaires. Pourtant, Robert Badinter a écrit, et beaucoup. Le choix des sujets, l'abolition de la peine de mort, la prison, l'expérience ministérielle, l'antisémitisme du barreau, et en dernier lieu le portrait de sa grand-mère, traduisent à la fois ses tropismes et ses obsessions. Le monde de Robert Badinter est encombré de causes perdues et de combats gagnés.

À défaut de se raconter, il ne déteste pas qu'on s'intéresse à lui. Il a donc accepté de nous recevoir régulièrement. Répondait-il pour autant aux questions ? À sa façon. Mais, respectant notre entêtement, il s'est prêté au jeu, laissant apparaître cet « imparfait ». L'homme de l'abolition est aussi haï mais encore brocardé en raison d'une existence de grand bourgeois, peint en donneur de leçons, comme un faux modeste ayant une haute opinion de lui-même. *L'Express* a un jour listé ses « faiblesses » : « Colérique, capricieux, radin, follement exigeant dans le travail. » Badinter, c'est vrai, donne l'image d'un janséniste au caractère mal accommodant, maîtrisant chacune de ses paroles, « peu enclin, confesse-t-il, à venir aux manifestations collectives ». Ainsi est-il absent des cérémonies au cimetière de Jarnac sur la tombe de François Mitterrand. Son ex-associé et ami Jean-Denis Bredin affirme, lui, avec une rare rosserie, que si Badinter s'était à ce point acharné pour sauver la tête de ses clients risquant la peine de mort, c'était aussi pour « acheter sa part de salut ». « Badinter, précisait-il, faisait de la "compensation morale" à cause des grandes affaires pécuniaires » – qui enrichissaient tant le cabinet.

Quand, en mai 1991, François Mitterrand décide de se débarrasser de son Premier ministre Michel Rocard, il hésite sur le choix de son successeur. Il interroge, questionne, se renseigne ici ou là parmi ses proches. On lui suggère le nom de Badinter, alors très populaire à gauche. Mais le Président écarte cette hypothèse, d'une simple remarque : « Badinter ? Pas assez politique. » Il faut traduire « politique » par « politicien », batailles d'appareils et de courants, équilibres à maintenir, concessions… Tout ce que Badinter ne sait pas faire, ne veut pas faire, notamment parce qu'il est incapable de transiger avec ses convictions fortes. D'ailleurs, le principal opposant à la nomination de Badinter à l'hôtel de Matignon fut Badinter lui-même. Il l'avoue volontiers : « J'ai dit à Mitterrand que je n'avais pas la pointure. » Et il lui avait prédit l'échec d'Édith Cresson.

Quatre années plus tard se présentera une nouvelle opportunité. Le 11 décembre 1994, Jacques Delors, qui termine son second mandat à la présidence de la Commission européenne, déclare renoncer à se porter candidat à l'élection présidentielle de 1995. Qui sera donc le candidat du PS alors qu'Édouard Balladur et

Jacques Chirac se préparent à un combat sans merci ? Michel Rocard – vaincu lors de récentes élections européennes – et Laurent Fabius – pris dans les rets de l'affaire du sang contaminé – sont hors jeu. Le premier secrétaire du PS Henri Emmanuelli n'a pas la carrure. Certains songent déjà à Lionel Jospin… D'autres à… Badinter. Laurent Fabius pousse la candidature de celui qui incarne « l'honneur de la gauche ». « Une belle gauche », approuve François Mitterrand qui n'avait pourtant pas voulu le nommer Premier ministre. Hypothèse absurde, fait savoir Badinter, d'une formule sans appel : « Je suis riche, je suis juif et j'ai aboli la peine de mort. » C'est dit.

Badinter ne se fait aucune illusion. Figure emblématique de la gauche, il sait pourtant qu'il ne reviendra pas au pouvoir. Car, pour beaucoup, il incarne la « gauche caviar » ainsi définie par l'éditorialiste Laurent Joffrin. « La gauche caviar ? Une accusée. » Donc Badinter est un accusé. Procès politique, social, culturel. Et Joffrin de préciser : « Souvent les hommes de la gauche caviar sont des Juifs ou des protestants : les mêmes clichés, à peine adaptés, reviennent à la surface de l'inconscient collectif […]. La détestation vient du mode de vie. L'homme de la gauche caviar habite volontiers le centre de Paris, plutôt le Ve ou le VIe, territoire traditionnel de l'intelligentsia progressiste […]. Son rôle historique n'a rien de négligeable. Toujours dans les grandes avancées progressistes, dans les grands changements du rapport entre les classes, dans les grands moments réformistes, on trouve ces dissidents de la classe dirigeante… La gauche caviar, depuis l'origine, subit un procès en trahison. Pendant longtemps, ce procès fut mal fondé. » Gauche caviar, Badinter ? Grand bourgeois de gauche ? Certainement.

Il est pourtant incontestable que le peuple de gauche reste attaché à la figure de Badinter. Il sait qu'il est l'un des leurs. Il l'a d'ailleurs édicté avec force : « Les fils de persécutés doivent garder la mémoire des persécutions subies par leurs pères, et être gardiens de la Justice. » Cette Justice, il la range à gauche, d'instinct.

Ses détracteurs à gauche – il en existe aussi – ne manquent jamais de souligner qu'au cours de ses cinq années au gouvernement, Badinter aura défendu avec force et conviction, sur des sujets essentiels – les nationalisations à 100 %, le service public unifié et laïque de l'éducation nationale, la loi sur la presse dite loi Hersant –, des positions estimées « droitières ». Les nationalisations à 100 % dès la prise de pouvoir des socialistes en 1981 ? Une décision strictement idéologique qui desservira, selon lui, l'économie française, et donc les travailleurs, Badinter en est convaincu, il le dira haut et fort à la table du Conseil des ministres, en soutien à… Michel Rocard qui défend des nationalisations à 51 %. Il estime aussi qu'il faut « jouer » avec les règles du libéralisme et reste (très) hostile à l'étatisation de l'économie. Au point de faire savoir qu'il « doute de l'efficacité économique des nationalisations », au risque de se fâcher avec son propre camp. En 1983, il désapprouve en effet un projet de loi sur la presse conçu pour combattre les projets hégémoniques de Robert Hersant, le propriétaire du *Figaro* – l'une des bêtes noires de la gauche. « Une loi de circonstance », dénonce-t-il. Et il le rappelle sans gêne aucune : « C'est une loi antiéconomique parce qu'elle empêchera les groupes de presse de se développer. Elle sera fatalement interprétée comme une menace sur les libertés. Et cette loi sera bâclée. Et puis les lois contre un homme ne sont jamais bonnes. » Et pourtant Badinter ne partage rien avec Robert Hersant, un autre proche de… Mitterrand, à l'attitude plus que douteuse sous l'Occupation. Et quand des millions de Français se soulèvent en 1984 pour « défendre l'école libre », il ne dissimule pas davantage ses « réserves profondes » quant à l'utilité d'une loi scolaire déchirant le pays de part en part. « Cette guerre scolaire me semblait antique », confirme-t-il, œuvrant pour que Mitterrand la retire.

À l'évocation de cette période complexe où il siège au gouvernement, Badinter ironise : « Au début, j'étais certainement l'un des ministres les plus “à droite” de ce gouvernement. Avocat, j'avais vécu dans la réalité des affaires, et j'estimais ridicule la nationalisation de banques dont je savais qu'elles étaient à la veille du dépôt de bilan. Les nationalisations à 100 % les sauveraient et les propriétaires ne s'en trouveraient que mieux. Je ne considérais pas que la mission de la gauche fût de sauver les banques et les banquiers alors que nous avions besoin de tant d'argent pour notre politique sociale… C'est vrai, nous avions des discussions surréalistes, en particulier sur la rémunération des dirigeants des sociétés nationalisées. » Ironique toujours : « Après le tournant de la rigueur économique en 1983, je suis devenu l'un des ministres les plus à gauche du gouvernement, peut-être même le plus à gauche… J'étais de gauche à la Libération, je suis pareillement de gauche aujourd'hui. » Et peu importe d'être isolé, il ne lui est pas déplaisant de se sentir à part.

Badinter, la « boussole » de la gauche. La gauche des valeurs maintenues au moment où cette gauche assume explicitement l'économie de marché. La gauche des libertés et des réformes sociétales. C'est dans ce contexte qu'émerge la figure iconique de Robert Badinter. La politique est aussi incarnation et représentation. Comment ne soulèverait-il pas l'enthousiasme quand il déclare à une assemblée de jeunes socialistes : « Le socialisme n'est rien d'autre, en définitive, qu'une volonté de changer les rapports entre les hommes, de les rendre plus fraternels, plus justes, plus libres » ? Haï par une grande partie de la droite ; porté aux nues par ces Français se revendiquant de gauche quand, par exemple, il invente le concept de « lepénisation des esprits ». *Le Figaro* constate le phénomène, définissant Badinter comme « l'ultime référence morale de la gauche ».

Avec les années, Robert Badinter est en effet devenu un repère, une vigie que l'on consulte volontiers. Il se prête à cette fonction, apparaissant fréquemment dans les médias. Au plus fort de la crise des Gilets jaunes en janvier 2020, face aux violences qui émaillent les cortèges, Robert Badinter, invité de l'émission sur France 5 *C à vous*, se dit ulcéré par les images de manifestants qui ont défilé avec la tête d'Emmanuel Macron au bout d'une pique. Il laisse éclater sa colère. Une colère froide. Une sainte colère. « Rien n'excuse ce degré de violence non pas physique encore, mais verbale. Rien. La représentation d'une tête au bout d'une pique, rien d'autre qu'une guillotine, est pour moi absolument, totalement, condamnable. On ne peut pas admettre dans la République française, dont il faut se souvenir de la devise, que quelque homme politique que ce soit, quelque femme politique que ce soit, soit promené la tête au bout d'une pique avec tout ce que cela signifie. Ce n'est pas admissible ! Je le dis du fond du cœur, aucune cause ne justifie cela, aucune. Derrière le symbole, il y a la pulsion et, ici, la pulsion, c'est la haine, c'est la volonté de détruire physiquement, par cette représentation symbolique, l'adversaire. »

Dès lors que la République et ses principes sont remis en cause, Badinter fait rempart. Ainsi, constatant des dérives antisémites lors de manifestations propalestiniennes, il n'hésite pas non plus à « cogner » : « Les agressions contre des synagogues jalonnent l'histoire de l'antisémitisme. Voici qu'elles se renouvellent au motif de solidarité avec les Palestiniens de Gaza. Mais les cris de "Mort aux Juifs", c'est à Paris qu'ils résonnent, et aux Juifs de France qu'ils s'adressent. Et, au-delà d'eux, c'est la République tout entière qui est défiée. Au soir de ma vie, je retrouve, hurlés par des fanatiques, les mêmes mots que ceux que je voyais avant la guerre, enfant, inscrits à la craie sur les murs de mon lycée parisien : "Mort aux Juifs", "Mort à Blum". » Et de dénoncer la faiblesse des réactions : « Mais face au retour d'une telle provocation fasciste, à ces cris infâmes, j'aurais souhaité des réactions plus vives, des appels d'associations de défense des droits de l'homme et des partis républicains pour organiser une grande manifestation de protestation. Il faut rappeler, chaque fois que nécessaire, que la République française ne peut pas tolérer ces cris, pas plus qu'elle ne saurait laisser passer des slogans tels que "Dehors, les musulmans" ou "Dehors, les Arabes". »

L'universalisme, valeur cardinale, lui semble menacé, par le différentialisme, par le communautarisme, ces « maux » qui gangrènent la société. « On ne peut pas dire qu'il y a, d'un côté, les droits de la femme et, de l'autre, ceux des hommes, ni affirmer que Noirs et Blancs n'auraient pas les mêmes droits ! C'est une pente dangereuse. Il y aurait des droits dépendant du sexe, de la nation, de la religion, de la couleur de peau… Dès lors, le principe premier des droits de l'homme, "Tous les hommes (c'est-à-dire, tous les êtres humains) naissent libres et égaux", ne sera plus respecté. » D'où son incompréhension, voire son dégoût, pour une époque, la nôtre, où règnent « l'exhibitionnisme, la trahison, l'égotisme, une horreur ». Robert Badinter est inquiet. Dernière confidence.

La République menacée par le multiculturalisme, la résurgence de l'antisémitisme, le terrorisme de masse, le danger d'allumer la haine entre les Français le font frémir. Il abandonne alors son vocabulaire policé : « Nous sommes mal barrés. » L'ultime avertissement de l'homme juste.

Annexe

Discours de Robert Badinter, ministre de la Justice, demandant, au nom du Gouvernement, l'abolition de la peine de mort, à l'Assemblée nationale le 17 septembre 1981

Monsieur le président, mesdames, messieurs les députés, j'ai l'honneur, au nom du Gouvernement de la République, de demander à l'Assemblée nationale l'abolition de la peine de mort en France.

En cet instant, dont chacun d'entre vous mesure la portée qu'il revêt pour notre justice et pour nous, je veux d'abord remercier la commission des lois parce qu'elle a compris l'esprit du projet qui lui était présenté et, plus particulièrement, son rapporteur, M. Raymond Forni, non seulement parce qu'il est un homme de cœur et de talent mais parce qu'il a lutté dans les années écoulées pour l'abolition. Au-delà de sa personne, et comme lui, je tiens à remercier tous ceux, quelle que soit leur appartenance politique qui, au cours des années passées, notamment au sein des commissions des lois précédentes, ont également œuvré pour que l'abolition soit décidée, avant même que n'intervienne le changement politique majeur que nous connaissons.

Cette communion d'esprit, cette communauté de pensée à travers les clivages politiques montrent bien que le débat qui est ouvert aujourd'hui devant vous est d'abord un débat de conscience et le choix auquel chacun d'entre vous procédera l'engagera personnellement.

Raymond Forni a eu raison de souligner qu'une longue marche s'achève aujourd'hui. Près de deux siècles se sont écoulés depuis que, dans la première assemblée parlementaire qu'ait connue la France, Le Peletier de Saint-Fargeau demandait l'abolition de la peine capitale. C'était en 1791.

Je regarde la marche de la France.

La France est grande, non seulement par sa puissance, mais au-delà de sa puissance, par l'éclat des idées, des causes, de la générosité qui l'ont emporté aux moments privilégiés de son histoire.

La France est grande parce qu'elle a été la première en Europe à abolir la torture malgré les esprits précautionneux qui, dans le pays, s'exclamaient à l'époque que, sans la torture, la justice française serait désarmée, que, sans la torture, les bons sujets seraient livrés aux scélérats.

La France a été parmi les premiers pays du monde à abolir l'esclavage, ce crime qui déshonore encore l'humanité.

Il se trouve que la France aura été, en dépit de tant d'efforts courageux, l'un des derniers pays, presque le dernier – et je baisse la voix pour le dire – en Europe occidentale, dont elle a été si souvent le foyer et le pôle, à abolir la peine de mort.

Pourquoi ce retard ? Voilà la première question qui se pose à nous.

Ce n'est pas la faute du génie national. C'est de France, c'est de cette enceinte, souvent, que se sont levées les plus grandes voix, celles qui ont résonné le plus haut et le plus loin dans la conscience humaine, celles qui ont soutenu, avec le plus d'éloquence, la cause de l'abolition. Vous avez, fort justement, monsieur Forni, rappelé Hugo, j'y ajouterai, parmi les écrivains, Camus. Comment, dans cette enceinte, ne pas penser aussi à Gambetta, à Clemenceau et surtout au grand Jaurès ? Tous se sont levés. Tous ont soutenu la cause de l'abolition. Alors pourquoi le silence a-t-il persisté et pourquoi n'avons-nous pas aboli ?

Je ne pense pas non plus que ce soit à cause du tempérament national. Les Français ne sont certes pas plus répressifs, moins humains que les autres peuples. Je le sais par expérience. Juges et jurés français savent être aussi généreux que les autres. La réponse n'est donc pas là. Il faut la chercher ailleurs.

Pour ma part j'y vois une explication qui est d'ordre politique. Pourquoi ?

L'abolition, je l'ai dit, regroupe, depuis deux siècles, des femmes et des hommes de toutes les classes politiques et, bien au-delà, de toutes les couches de la nation.

Mais si l'on considère l'histoire de notre pays, on remarquera que l'abolition, en tant que telle, a toujours été une des grandes causes de la gauche française. Quand je dis gauche, comprenez-moi, j'entends forces de changement, forces de progrès, parfois forces de révolution, celles qui, en tout cas, font avancer l'histoire.

Examinez simplement ce qui est la vérité. Regardez-la.

J'ai rappelé 1791, la première Constituante, la grande Constituante. Certes elle n'a pas aboli, mais elle a posé la question, audace prodigieuse en Europe à cette époque. Elle a réduit le champ de la peine de mort, plus que partout ailleurs en Europe.

La première assemblée républicaine que la France ait connue, la grande Convention, le 4 brumaire an IV de la République, a proclamé que la peine de mort était abolie en France à dater de l'instant où la paix générale serait rétablie.

La paix fut rétablie mais avec elle Bonaparte arriva. Et la peine de mort s'inscrivit dans le Code pénal qui est encore le nôtre, plus pour longtemps, il est vrai.

Mais suivons les élans.

La Révolution de 1830 a engendré, en 1832, la généralisation des circonstances atténuantes ; le nombre des condamnations à mort diminue aussitôt de moitié.

La Révolution de 1848 entraîna l'abolition de la peine de mort en matière politique que la France ne remettra plus en cause jusqu'à la guerre de 1939.

Il faudra attendre ensuite qu'une majorité de gauche soit établie au centre de la vie politique française, dans les années qui suivent 1900, pour que soit à nouveau soumise aux représentants du peuple la question de l'abolition. C'est alors qu'ici même s'affrontèrent, dans un débat dont l'histoire de l'éloquence conserve pieusement le souvenir vivant, et Barrès et Jaurès.

Jaurès – que je salue en votre nom à tous – a été, de tous les orateurs de la gauche, de tous les socialistes, celui qui a mené le plus haut, le plus loin, le plus noblement l'éloquence du cœur et l'éloquence de la raison, celui qui a servi, comme personne, le socialisme, la liberté et l'abolition.

Jaurès appartient, au même titre que d'autres hommes politiques, à l'histoire de notre pays.

Messieurs, j'ai salué Barrès en dépit de l'éloignement de nos conceptions sur ce point ; je n'ai pas besoin d'insister.

Mais je dois rappeler, puisque, à l'évidence, sa parole n'est pas éteinte en vous, la phrase que prononça Jaurès : « La peine de mort est contraire à ce que l'humanité depuis deux mille ans a pensé de plus haut et rêve de plus noble. Elle est contraire à la fois à l'esprit du christianisme et à l'esprit de la Révolution. »

En 1908, Briand, à son tour, entreprit de demander à la Chambre l'abolition. Curieusement, il ne le fit pas en usant de son éloquence. Il s'efforça de convaincre en représentant à la Chambre une donnée très simple, que l'expérience récente – de l'école positiviste – venait de mettre en lumière.

Il fit observer en effet que par suite du tempérament divers des présidents de la République, qui se sont succédé à cette époque de grandes stabilités sociale et économique, la pratique de la peine de mort avait singulièrement évolué pendant deux fois dix ans : 1888-1897, les Présidents faisaient exécuter ; 1898-1907, les Présidents – Loubet, Fallières – abhorraient la peine de mort et, par conséquent, accordaient systématiquement la grâce. Les données étaient claires : dans la première période où l'on pratique l'exécution : 3 066 homicides ; dans la seconde période, où la douceur des hommes fait qu'ils y répugnent et que la peine de mort disparaît de la pratique répressive : 1 068 homicides, près de la moitié.

Telle est la raison pour laquelle Briand, au-delà même des principes, vint demander à la Chambre d'abolir la peine de mort qui, la France venait ainsi de le mesurer, n'était pas dissuasive.

Il se trouva qu'une partie de la presse entreprit aussitôt une campagne très violente contre les abolitionnistes. Il se trouva qu'une partie de la Chambre n'eut point le courage d'aller vers les sommets que lui montrait Briand. C'est ainsi que la peine de mort demeura en 1908 dans notre droit et dans notre pratique.

Depuis lors – soixante-quinze ans –, jamais une assemblée parlementaire n'a été saisie d'une demande de suppression de la peine de mort.

Je suis convaincu – cela vous fera plaisir – d'avoir certes moins d'éloquence que Briand mais je suis sûr que, vous, vous aurez plus de courage et c'est cela qui compte.

Les temps passèrent.

On peut s'interroger : pourquoi n'y a-t-il rien eu en 1936 ? La raison est que le temps de la gauche fut compté. L'autre raison, plus simple, est que la guerre pesait déjà sur les esprits. Or, les temps de guerre ne sont pas propices à poser la question de l'abolition. Il est vrai que la guerre et l'abolition ne cheminent pas ensemble.

La Libération. Je suis convaincu, pour ma part, que, si le gouvernement de la Libération n'a pas posé la question de l'abolition, c'est parce que les temps troublés, les crimes de la guerre, les épreuves terribles de l'Occupation faisaient que les sensibilités n'étaient pas à cet égard prêtes. Il fallait que reviennent non seulement la paix des armes mais aussi la paix des cœurs.

Cette analyse vaut aussi pour les temps de la décolonisation.

C'est seulement après ces épreuves historiques qu'en vérité pouvait être soumise à votre assemblée la grande question de l'abolition.

Je n'irai pas plus loin dans l'interrogation – M. Forni l'a fait – mais pourquoi, au cours de la dernière législature, les gouvernements n'ont-ils pas voulu que votre assemblée soit saisie de l'abolition alors que la commission des lois et tant d'entre vous, avec courage, réclamaient ce débat ? Certains membres du gouvernement – et non des moindres – s'étaient déclarés, à titre personnel, partisans de l'abolition mais on avait le sentiment, à entendre ceux qui avaient la responsabilité de la proposer, que, dans ce domaine, il était, là encore, urgent d'attendre.

Attendre, après deux cents ans !

Attendre, comme si la peine de mort ou la guillotine était un fruit qu'on devrait laisser mûrir avant de le cueillir !

Attendre ? Nous savons bien en vérité que la cause était la crainte de l'opinion publique. D'ailleurs, certains vous diront, mesdames, messieurs les députés, qu'en votant l'abolition vous méconnaîtriez les règles de la démocratie parce que vous ignoreriez l'opinion publique. Il n'en est rien.

Nul plus que vous, à l'instant du vote sur l'abolition, ne respectera la loi fondamentale de la démocratie.

Je me réfère non pas seulement à cette conception selon laquelle le Parlement est, suivant l'image employée par un grand Anglais, un phare qui ouvre la voie de l'ombre pour le pays, mais simplement à la loi fondamentale de la démocratie qui est la volonté du suffrage universel et, pour les élus, le respect du suffrage universel.

Or, à deux reprises, la question a été directement – j'y insiste – posée devant l'opinion publique.

Le président de la République a fait connaître à tous, non seulement son sentiment personnel, son aversion pour la peine de mort, mais aussi, très clairement, sa volonté de demander au Gouvernement de saisir le Parlement d'une demande d'abolition, s'il était élu. Le pays lui a répondu : oui.

Il y a eu ensuite des élections législatives. Au cours de la campagne électorale, il n'est pas un des partis de gauche qui ne l'ait fait figurer publiquement dans son programme...

Le pays a élu une majorité de gauche ; ce faisant, en connaissance de cause, il savait qu'il approuvait un programme législatif dans lequel se trouvait inscrite, au premier rang des obligations morales, l'abolition de la peine de mort.

Lorsque vous la voterez, c'est ce pacte solennel, celui qui lie l'élu au pays, celui qui fait que son premier devoir d'élu est le respect de l'engagement pris avec ceux qui l'ont choisi, cette démarche de respect du suffrage universel et de la démocratie qui sera la vôtre.

D'autres vous diront que l'abolition, parce qu'elle pose question à toute conscience humaine, ne devrait être décidée que par la voie de référendum. Si l'alternative existait, la question mériterait sans doute examen. Mais, vous le savez aussi bien que moi et Raymond Forni l'a rappelé, cette voie est constitutionnellement fermée.

Je rappelle à l'Assemblée – mais en vérité ai-je besoin de le faire ? – que le général de Gaulle, fondateur de la Ve République, n'a pas voulu que les questions de société ou, si l'on préfère, les questions de morale soient tranchées par la procédure référendaire.

Je n'ai pas besoin non plus de vous rappeler, mesdames, messieurs les députés, que la sanction pénale de l'avortement aussi bien que de la peine de mort se trouvent inscrites dans les lois pénales qui, aux termes de la Constitution, relèvent de votre seul pouvoir.

Par conséquent, prétendre s'en rapporter à un référendum, ne vouloir répondre que par un référendum, c'est méconnaître délibérément à la fois l'esprit et la lettre de la Constitution et c'est, par une fausse habileté, refuser de se prononcer publiquement par peur de l'opinion publique.

Rien n'a été fait pendant les années écoulées pour éclairer cette opinion publique. Au contraire ! On a refusé l'expérience des pays abolitionnistes ; on ne s'est jamais interrogé sur le fait essentiel que les grandes démocraties occidentales, nos proches, nos sœurs, nos voisines, pouvaient vivre sans la peine de mort. On a négligé les études conduites par toutes les grandes organisations internationales, tels le Conseil de l'Europe, le Parlement européen, les Nations unies elles-mêmes dans le cadre du Comité d'études contre le crime. On a occulté leurs constantes conclusions. Il n'a jamais, jamais été établi une corrélation quelconque entre la présence ou l'absence de la peine de mort dans une législation pénale et la courbe de la criminalité sanglante. On a, par contre, au lieu de révéler et de souligner ces évidences, entretenu l'angoisse, stimulé la peur, favorisé la confusion. On a bloqué le phare sur l'accroissement indiscutable, douloureux, et auquel il faudra faire face, mais qui est lié à des conjonctures économiques et sociales, de la petite et moyenne délinquance de violence, celle qui, de toute façon, n'a jamais relevé de la peine de mort. Mais tous les esprits loyaux s'accordent sur le fait qu'en France la criminalité sanglante n'a jamais varié – et même, compte tenu du nombre d'habitants, tend plutôt à stagner ; on s'est tu. En un mot, s'agissant de l'opinion, parce qu'on pensait aux suffrages, on a attisé l'angoisse collective et on a refusé à l'opinion publique les défenses de la raison.

En vérité, la question de la peine de mort est simple pour qui veut l'analyser avec lucidité. Elle ne se pose pas en termes de dissuasion, ni même de technique répressive, mais en termes de choix politique ou de choix moral.

Je l'ai déjà dit, mais je le répète volontiers au regard du grand silence antérieur : le seul résultat auquel ont conduit toutes les recherches menées par les criminologues est la constatation de l'absence de lien entre la peine de mort et l'évolution de la criminalité sanglante. Je rappelle encore à cet égard les travaux du Conseil de l'Europe de 1962 ; le Livre blanc anglais, prudente recherche menée à travers tous les pays abolitionnistes avant que les Anglais ne se décident à abolir la peine de mort et ne refusent depuis lors, par deux fois, de la rétablir ; le Livre blanc canadien, qui a procédé selon la même méthode ; les travaux conduits par le Comité pour la prévention du crime créé par l'ONU, dont les derniers textes ont été élaborés l'année dernière à Caracas ; enfin, les travaux conduits par le Parlement européen, auxquels j'associe notre amie Mme Roudy, et qui ont abouti à ce vote essentiel par lequel cette assemblée, au nom de l'Europe qu'elle représente, de l'Europe occidentale bien sûr, s'est prononcée à une écrasante majorité pour que la peine de mort disparaisse de l'Europe. Tous, tous se rejoignent sur la conclusion que j'évoquais.

Il n'est pas difficile d'ailleurs, pour qui veut s'interroger loyalement, de comprendre pourquoi il n'y a pas entre la peine de mort et l'évolution de la criminalité sanglante ce rapport dissuasif que l'on s'est si souvent appliqué à chercher sans trouver sa source ailleurs, et j'y reviendrai dans un instant. Si vous y réfléchissez simplement, les crimes les plus terribles, ceux qui saisissent le plus la sensibilité publique – et on le comprend –, ceux qu'on appelle les crimes atroces sont commis le plus souvent par des hommes emportés par une pulsion de violence et de mort qui abolit jusqu'aux défenses de la raison. À cet instant de folie, à cet instant de passion meurtrière, l'évocation de la peine, qu'elle soit de mort ou qu'elle soit perpétuelle, ne trouve pas sa place chez l'homme qui tue.

Qu'on ne me dise pas que, ceux-là, on ne les condamne pas à mort. Il suffirait de reprendre les annales des dernières années pour se convaincre du contraire. Olivier, exécuté, dont l'autopsie a révélé que son cerveau présentait des anomalies frontales. Et Carrein, et Rousseau, et Garceau.

Quant aux autres, les criminels dits de sang-froid, ceux qui pèsent les risques, ceux qui méditent le profit et la peine, ceux-là, jamais vous ne les retrouverez dans des situations où ils risquent l'échafaud. Truands raisonnables, profiteurs du crime, criminels organisés, proxénètes, trafiquants, mafiosi, jamais vous ne les trouverez dans ces situations-là. Jamais !

Ceux qui interrogent les annales judiciaires, car c'est là que s'inscrit dans sa réalité la peine de mort, savent que dans les trente dernières années vous n'y trouvez pas le nom d'un « grand » gangster, si l'on peut utiliser cet adjectif en parlant de ce type d'hommes. Pas un seul « ennemi public » n'y a jamais figuré.

Ce sont les autres, ceux que j'évoquais précédemment, qui peuplent ces annales.

En fait, ceux qui croient à la valeur dissuasive de la peine de mort méconnaissent la vérité humaine. La passion criminelle n'est pas plus arrêtée par la peur de la mort que d'autres passions ne le sont qui, celles-là, sont nobles.

Et si la peur de la mort arrêtait les hommes, vous n'auriez ni grands soldats, ni grands sportifs. Nous les admirons, mais ils n'hésitent pas devant la mort. D'autres, emportés par d'autres passions, n'hésitent pas non plus. C'est seulement pour la peine de mort qu'on invente l'idée que la peur de la mort retient l'homme dans ses passions extrêmes. Ce n'est pas exact.

Et, puisqu'on vient de prononcer le nom de deux condamnés à mort qui ont été exécutés, je vous dirai pourquoi, plus qu'aucun autre, je puis affirmer qu'il n'y a pas dans la peine de mort de valeur dissuasive : sachez bien que, dans la foule qui, autour du palais de justice de Troyes, criait au passage de Buffet et de Bontems : « À mort Buffet ! À mort Bontems ! » se trouvait un jeune homme qui s'appelait Patrick Henry. Croyez-moi, à ma stupéfaction, quand je l'ai appris, j'ai compris ce que pouvait signifier, ce jour-là, la valeur dissuasive de la peine de mort !

Et pour vous qui êtes hommes d'État, conscients de vos responsabilités, croyez-vous que les hommes d'État, nos amis, qui dirigent le sort et qui ont la responsabilité des grandes démocraties occidentales, aussi exigeante que soit en eux la passion des valeurs morales qui sont celles des pays de liberté, croyez-vous que ces hommes responsables auraient voté l'abolition ou n'auraient pas rétabli la peine capitale s'ils avaient pensé que celle-ci pouvait être de quelque utilité par sa valeur dissuasive contre la criminalité sanglante ? Ce serait leur faire injure que de le penser.

Il suffit, en tout cas, de vous interroger très concrètement et de prendre la mesure de ce qu'aurait signifié exactement l'abolition si elle avait été votée en France en 1974, quand le précédent président de la République confessait volontiers, mais généralement en privé, son aversion personnelle pour la peine de mort.

L'abolition votée en 1974, pour le septennat qui s'est achevé en 1981, qu'aurait-elle signifié pour la sûreté et la sécurité des Français ? Simplement ceci : trois condamnés à mort, qui se seraient ajoutés au 333 qui se trouvent actuellement dans nos établissements pénitentiaires. Trois de plus.

Lesquels ? Je vous les rappelle. Christian Ranucci : je n'aurais garde d'insister, il y a trop d'interrogations qui se lèvent à son sujet, et ces seules interrogations suffisent, pour toute conscience éprise de justice, à condamner la peine de mort. Jérôme Carrein : débile, ivrogne, qui a commis un crime atroce, mais qui avait pris par la main devant tout le village la petite fille qu'il allait tuer quelques instants plus tard, montrant par là même qu'il ignorait la force qui allait l'emporter. Enfin, Djandoubi, qui était unijambiste et qui, quelle que soit l'horreur – et le terme n'est pas trop fort – de ses crimes, présentait tous les signes d'un déséquilibre et qu'on a emporté sur l'échafaud après lui avoir enlevé sa prothèse.

Loin de moi l'idée d'en appeler à une pitié posthume : ce n'est ni le lieu ni le moment, mais ayez simplement présent à votre esprit que l'on s'interroge encore à propos de l'innocence du premier, que le deuxième était un débile et le troisième, un unijambiste.

Peut-on prétendre que si ces trois hommes se trouvaient dans les prisons françaises, la sécurité de nos concitoyens se trouverait de quelque façon compromise ?

La question ne se pose pas, et nous le savons tous, en termes de dissuasion ou de technique répressive, mais en termes politiques et surtout de choix moral.

Que la peine de mort ait une signification politique, il suffirait de regarder la carte du monde pour le constater. Je regrette qu'on ne puisse pas présenter une telle carte à l'Assemblée comme cela fut fait au Parlement européen. On y verrait les pays abolitionnistes et les autres, les pays de liberté et les autres.

Les choses sont claires. Dans la majorité écrasante des démocraties occidentales, en Europe particulièrement, dans tous les pays où la liberté est inscrite dans les institutions et respectée dans la pratique, la peine de mort a disparu.

J'ai dit en Europe occidentale, mais il est significatif que vous ajoutiez les États-Unis. Le calque est presque complet. Dans les pays de liberté, la loi commune est l'abolition, c'est la peine de mort qui est l'exception.

Partout, dans le monde, et sans aucune exception, où triomphent la dictature et le mépris des droits de l'homme, partout vous y trouvez inscrite, en caractères sanglants, la peine de mort.

Voici la première évidence : dans les pays de liberté, l'abolition est presque partout la règle ; dans les pays où règne la dictature, la peine de mort est partout pratiquée.

Ce partage du monde ne résulte pas d'une simple coïncidence, mais exprime une corrélation. La vraie signification politique de la peine de mort, c'est bien qu'elle procède de l'idée que l'État a le droit de disposer du citoyen jusqu'à lui retirer la vie. C'est par là que la peine de mort s'inscrit dans les systèmes totalitaires.

C'est par là même que vous retrouvez, dans la réalité judiciaire, et jusque dans celle qu'évoquait Raymond Forni, la vraie signification de la peine de mort. Dans la réalité judiciaire, qu'est-ce que la peine de mort ? Ce sont douze hommes et femmes, deux jours d'audience, l'impossibilité d'aller jusqu'au fond des choses et le droit, ou le devoir, terrible, de trancher, en quelques quarts d'heure, parfois quelques minutes, le problème si difficile de la culpabilité, et, au-delà, de décider de la vie ou de la mort d'un autre être. Douze personnes, dans une démocratie, qui ont le droit de dire : celui-là doit vivre, celui-là doit mourir ! Je le dis : cette conception de la justice ne peut être celle des pays de liberté, précisément pour ce qu'elle comporte de signification totalitaire.

Quant au droit de grâce, il convient, comme Raymond Forni l'a rappelé, de s'interroger à son sujet. Lorsque le roi représentait Dieu sur la terre, qu'il était oint par la volonté divine, le droit de grâce avait un fondement légitime. Dans une civilisation, dans une société dont les institutions sont imprégnées par la foi religieuse, on comprend aisément que le représentant de Dieu ait pu disposer du droit de vie ou de mort. Mais dans une république, dans une démocratie, quels que soient ses mérites, quelle que soit sa conscience, aucun homme, aucun pouvoir ne saurait disposer d'un tel droit sur quiconque en temps de paix.

Je sais qu'aujourd'hui – et c'est là un problème majeur –, certains voient dans la peine de mort une sorte de recours ultime, une forme de défense extrême de la démocratie contre la menace grave que constitue le terrorisme. La guillotine, pensent-ils, protégerait éventuellement la démocratie au lieu de la déshonorer.

Cet argument procède d'une méconnaissance complète de la réalité. En effet, l'Histoire montre que s'il est un type de crime qui n'a jamais reculé devant la menace de mort, c'est le crime politique. Et, plus spécifiquement, s'il est un type de femme ou d'homme que la menace de la mort ne saurait faire reculer, c'est bien le terroriste. D'abord, parce qu'il l'affronte au cours de l'action violente ; ensuite parce qu'au fond de lui, il éprouve cette trouble fascination de la violence et de la mort, celle qu'on donne, mais aussi celle qu'on reçoit. Le terrorisme qui, pour moi, est un crime majeur contre la démocratie, et qui, s'il devait se lever dans ce pays, serait réprimé et poursuivi avec toute la fermeté requise, a pour cri de ralliement, quelle que soit l'idéologie qui l'anime, le terrible cri des fascistes de la guerre d'Espagne : « *Viva la muerte !* », « Vive la mort ! ». Alors, croire qu'on l'arrêtera avec la mort, c'est illusion.

Allons plus loin. Si, dans les démocraties voisines, pourtant en proie au terrorisme, on se refuse à rétablir la peine de mort, c'est, bien sûr, par exigence morale, mais aussi par raison politique. Vous savez en effet, qu'aux yeux de certains et surtout des jeunes, l'exécution du terroriste le transcende, le dépouille de ce qu'a été la réalité criminelle de ses actions, en fait une sorte de héros qui serait allé jusqu'au bout de sa course, qui, s'étant engagé au service d'une cause, aussi odieuse soit-elle, l'aurait servie jusqu'à la mort. Dès lors, apparaît le risque considérable, que précisément les hommes d'État des démocraties amies ont pesé, de voir se lever dans l'ombre, pour un terroriste exécuté, vingt jeunes gens égarés. Ainsi, loin de le combattre, la peine de mort nourrirait le terrorisme.

À cette considération de fait, il faut ajouter une donnée morale : utiliser contre les terroristes la peine de mort, c'est, pour une démocratie, faire siennes les valeurs de ces derniers. Quand, après l'avoir arrêté, après lui avoir extorqué des correspondances terribles, les terroristes, au terme d'une parodie dégradante de justice, exécutent celui qu'ils ont enlevé, non seulement ils commettent un crime odieux, mais ils tendent à la démocratie le piège le plus insidieux, celui d'une violence meurtrière qui, en forçant cette démocratie à recourir à la peine de mort, pourrait leur permettre de lui donner, par une sorte d'inversion des valeurs, le visage sanglant qui est le leur.

Cette tentation, il faut la refuser, sans jamais, pour autant, composer avec cette forme ultime de la violence, intolérable dans une démocratie, qu'est le terrorisme.

Mais lorsqu'on a dépouillé le problème de son aspect passionnel et qu'on veut aller jusqu'au bout de la lucidité, on constate que le choix entre le maintien et l'abolition de la peine de mort, c'est, en définitive, pour une société et pour chacun d'entre nous, un choix moral.

Je ne ferai pas usage de l'argument d'autorité, car ce serait malvenu au Parlement, et trop facile dans cette enceinte. Mais on ne peut pas ne pas relever que, dans les dernières années, se sont prononcés hautement contre la peine de mort, l'Église catholique de France, le Conseil de l'Église réformée et le rabbinat. Comment ne pas souligner que toutes les grandes associations internationales qui militent de par le monde pour la défense des libertés et des droits de l'homme - Amnesty international, l'Association internationale des droits de l'homme, la Ligue des droits de l'homme - ont fait campagne pour que vienne l'abolition de la peine de mort ?

Cette conjonction de tant de consciences religieuses ou laïques, hommes de Dieu et hommes de libertés, à une époque où l'on parle sans cesse de crise des valeurs morales, est significative.

Pour les partisans de la peine de mort, dont les abolitionnistes et moi-même avons toujours respecté le choix en notant à regret que la réciproque n'a pas toujours été vraie, la haine répondant souvent à ce qui n'était que l'expression d'une conviction profonde, celle que je respecterai toujours chez les hommes de liberté, pour les partisans de la peine de mort, disais-je, la mort du coupable est une exigence de justice. Pour eux, il est en effet des crimes trop atroces pour que leurs auteurs puissent les expier autrement qu'au prix de leur vie.

La mort et la souffrance des victimes, ce terrible malheur, exigeraient comme contrepartie nécessaire, impérative, une autre mort et une autre souffrance. À défaut, déclarait un ministre de la Justice récent, l'angoisse et la passion suscitées dans la société par le crime ne seraient pas apaisées. Cela s'appelle, je crois, un sacrifice expiatoire. Et justice, pour les partisans de la peine de mort, ne serait pas faite si, à la mort de la victime ne répondait pas, en écho, la mort du coupable.

Soyons clairs. Cela signifie simplement que la loi du talion demeurerait, à travers les millénaires, la loi nécessaire, unique de la justice humaine.

Du malheur et de la souffrance des victimes, j'ai, beaucoup plus que ceux qui s'en réclament, souvent mesuré dans ma vie l'étendue. Que le crime soit le point de rencontre, le lieu géométrique du malheur humain, je le sais mieux que personne. Malheur de la victime elle-même et, au-delà, malheur de ses parents et de ses proches. Malheur aussi des parents du criminel. Malheur enfin, bien souvent, de l'assassin. Oui, le crime est malheur, et il n'y a pas un homme, pas une femme de cœur, de raison, de responsabilité, qui ne souhaite d'abord le combattre.

Mais ressentir, au profond de soi-même, le malheur et la douleur des victimes, mais lutter de toutes les manières pour que la violence et le crime reculent dans notre société, cette sensibilité et ce combat ne sauraient impliquer la nécessaire mise à mort du coupable. Que les parents et les proches de la victime souhaitent cette mort, par réaction naturelle de l'être humain blessé, je le comprends, je le conçois. Mais c'est une réaction humaine, naturelle. Or tout le progrès historique de la justice a été de dépasser la vengeance privée. Et comment la dépasser, sinon d'abord en refusant la loi du talion ?

La vérité est que, au plus profond des motivations de l'attachement à la peine de mort, on trouve, inavouée le plus souvent, la tentation de l'élimination. Ce qui paraît insupportable à beaucoup, c'est moins la vie du criminel emprisonné que la peur qu'il récidive un jour. Et ils pensent que la seule garantie, à cet égard, est que le criminel soit mis à mort par précaution.

Ainsi, dans cette conception, la justice tuerait moins par vengeance que par prudence. Au-delà de la justice d'expiation, apparaît donc la justice d'élimination, derrière la balance, la guillotine. L'assassin doit mourir tout simplement parce que, ainsi, il ne récidivera pas. Et tout paraît si simple, et tout paraît si juste !

Mais quand on accepte ou quand on prône la justice d'élimination, au nom de la justice, il faut bien savoir dans quelle voie on s'engage. Pour être acceptable, même pour ses partisans, la justice qui tue le criminel doit tuer en connaissance de cause. Notre justice, et c'est son honneur, ne tue pas les déments. Mais elle ne sait pas les identifier à coup sûr, et c'est à l'expertise psychiatrique, la plus aléatoire, la plus incertaine de toutes, que, dans la réalité judiciaire, on va s'en remettre. Que le verdict psychiatrique soit favorable à l'assassin, et il sera épargné. La société acceptera d'assumer le risque qu'il représente sans que quiconque s'en indigne. Mais que le verdict psychiatrique lui soit défavorable, et il sera exécuté. Quand on accepte la justice d'élimination, il faut que les responsables politiques mesurent dans quelle logique de l'Histoire on s'inscrit.

Je ne parle pas de sociétés où l'on élimine aussi bien les criminels que les déments, les opposants politiques que ceux dont on pense qu'ils seraient de nature à « polluer » le corps social. Non, je m'en tiens à la justice des pays qui vivent en démocratie.

Enfoui, terré, au cœur même de la justice d'élimination, veille le racisme secret. Si, en 1972, la Cour suprême des États-Unis a penché vers l'abolition, c'est essentiellement parce qu'elle avait constaté que 60 % des condamnés à mort étaient des Noirs, alors qu'ils ne représentaient que 12 % de la population. Et pour un homme de justice, quel vertige ! Je baisse la voix et je me tourne vers vous tous pour rappeler qu'en France même, sur 36 condamnations à mort définitives prononcées depuis 1945, on compte 9 étrangers, soit 25 %, alors qu'ils ne représentent que 8 % de la population ; parmi eux, 5 Maghrébins, alors qu'ils ne représentent que 2 % de la population. Depuis 1965, parmi les 9 condamnés à mort exécutés, on compte 4 étrangers, dont 3 Maghrébins. Leurs crimes étaient-ils plus odieux que les autres ou bien paraissaient-ils plus graves parce que leurs auteurs, à cet instant, faisaient secrètement horreur ? C'est une interrogation, ce n'est qu'une interrogation, mais elle est si pressante et si lancinante que seule l'abolition peut mettre fin à une interrogation qui nous interpelle avec tant de cruauté.

Il s'agit bien, en définitive, dans l'abolition, d'un choix fondamental, d'une certaine conception de l'homme et de la justice. Ceux qui veulent une justice qui tue, ceux-là sont animés par une double conviction : qu'il existe des hommes totalement coupables, c'est-à-dire des hommes totalement responsables de leurs actes, et qu'il peut y avoir une justice sûre de son infaillibilité au point de dire que celui-là peut vivre et que celui-là doit mourir.

À cet âge de ma vie, l'une et l'autre affirmation me paraissent également erronées. Aussi terribles, aussi odieux que soient leurs actes, il n'est point d'hommes en cette terre dont la culpabilité soit totale et dont il faille pour toujours désespérer totalement. Aussi prudente que soit la justice, aussi mesurés et angoissés que soient les femmes et les hommes qui jugent, la justice demeure humaine, donc faillible.

Et je ne parle pas seulement de l'erreur judiciaire absolue, quand, après une exécution, il se révèle, comme cela peut encore arriver, que le condamné à mort était innocent et qu'une société entière – c'est-à-dire nous tous –, au nom de laquelle le verdict a été rendu, devient ainsi collectivement coupable puisque sa justice rend possible l'injustice suprême. Je parle aussi de l'incertitude et de la contradiction des décisions rendues qui font que les mêmes accusés, condamnés à mort une première fois, dont la condamnation est cassée pour vice de forme, sont de nouveau jugés et, bien qu'il s'agisse des mêmes faits, échappent, cette fois-ci, à la mort, comme si, en justice, la vie d'un homme se jouait au hasard d'une erreur de plume d'un greffier. Ou bien tels condamnés, pour des crimes moindres, seront exécutés, alors que d'autres, plus coupables, sauveront leur tête à la faveur de la passion de l'audience, du climat ou de l'emportement de tel ou tel.

Cette sorte de loterie judiciaire, quelle que soit la peine qu'on éprouve à prononcer ce mot quand il y va de la vie d'une femme ou d'un homme, est intolérable. Le plus haut magistrat de France, M. Aydalot, au terme d'une longue carrière tout entière consacrée à la justice et, pour la plupart de son activité, au parquet, disait qu'à la mesure de sa hasardeuse application, la peine de mort lui était devenue, à lui magistrat, insupportable. Parce qu'aucun homme n'est totalement responsable, parce qu'aucune justice ne peut être absolument infaillible, la peine de mort est moralement inacceptable. Pour ceux d'entre nous qui croient en Dieu, lui seul a le pouvoir de choisir l'heure de notre mort. Pour tous les abolitionnistes, il est impossible de reconnaître à la justice des hommes ce pouvoir de mort parce qu'ils savent qu'elle est faillible.

Le choix qui s'offre à vos consciences est donc clair : ou notre société refuse une justice qui tue et accepte d'assumer, au nom de ses valeurs fondamentales – celles qui l'ont faite grande et respectée entre toutes –, la vie de ceux qui font horreur, déments ou criminels ou les deux à la fois, et c'est le choix de l'abolition ; ou cette société croit, en dépit de l'expérience des siècles, faire disparaître le crime avec le criminel, et c'est l'élimination.

Cette justice d'élimination, cette justice d'angoisse et de mort, décidée avec sa marge de hasard, nous la refusons. Nous la refusons parce qu'elle est pour nous l'anti-justice, parce qu'elle est la passion et la peur triomphant de la raison et de l'humanité.

J'en ai fini avec l'essentiel, avec l'esprit et l'inspiration de cette grande loi. Raymond Forni, tout à l'heure, en a dégagé les lignes directrices. Elles sont simples et précises.

Parce que l'abolition est un choix moral, il faut se prononcer en toute clarté. Le Gouvernement vous demande donc de voter l'abolition de la peine de mort sans l'assortir d'aucune restriction ni d'aucune réserve. Sans doute, des amendements seront déposés tendant à limiter le champ de l'abolition et à en exclure diverses catégories de crimes. Je comprends l'inspiration de ces amendements, mais le Gouvernement vous demandera de les rejeter.

D'abord parce que la formule « abolir hors les crimes odieux » ne recouvre en réalité qu'une déclaration en faveur de la peine de mort. Dans la réalité judiciaire, personne n'encourt la peine de mort hors des crimes odieux. Mieux vaut donc, dans ce cas-là, éviter les commodités de style et se déclarer partisan de la peine de mort.

Quant aux propositions d'exclusion de l'abolition au regard de la qualité des victimes, notamment au regard de leur faiblesse particulière ou des risques plus grands qu'elles encourent, le Gouvernement vous demandera également de les refuser, en dépit de la générosité qui les inspire.

Ces exclusions méconnaissent une évidence : toutes, je dis bien toutes, les victimes sont pitoyables et toutes appellent la même compassion. Sans doute, en chacun de nous, la mort de l'enfant ou du vieillard suscite plus aisément l'émotion que la mort d'une femme de trente ans ou d'un homme mûr chargé de responsabilités, mais, dans la réalité humaine, elle n'en est pas moins douloureuse, et toute discrimination à cet égard serait porteuse d'injustice !

S'agissant des policiers ou du personnel pénitentiaire, dont les organisations représentatives requièrent le maintien de la peine de mort à l'encontre de ceux qui attenteraient à la vie de leurs membres, le Gouvernement comprend parfaitement les préoccupations qui les animent, mais il demandera que ces amendements soient rejetés.

La sécurité des personnels de police et du personnel pénitentiaire doit être assurée. Toutes les mesures nécessaires pour assurer leur protection doivent être prises. Mais, dans la France de la fin du XXe siècle, on ne confie pas à la guillotine le soin d'assurer la sécurité des policiers et des surveillants. Et quant à la sanction du crime qui les atteindrait, aussi légitime quelle soit, cette peine ne peut être, dans nos lois, plus grave que celle qui frapperait les auteurs de crimes commis à l'encontre d'autres victimes. Soyons clairs : il ne peut exister dans la justice française de privilège pénal au profit de quelque profession ou corps que ce soit. Je suis sûr que les personnels de police et les personnels pénitentiaires le comprendront. Qu'ils sachent que nous nous montrerons attentifs à leur sécurité sans jamais pour autant en faire un corps à part dans la République.

Dans le même dessein de clarté, le projet n'offre aucune disposition concernant une quelconque peine de remplacement.

Pour des raisons morales d'abord : la peine de mort est un supplice, et l'on ne remplace pas un supplice par un autre.

Pour des raisons de politique et de clarté législatives aussi : par peine de remplacement, l'on vise communément une période de sûreté, c'est-à-dire un délai inscrit dans la loi pendant lequel le condamné n'est pas susceptible de bénéficier d'une mesure de libération conditionnelle ou d'une quelconque suspension de sa peine. Une telle peine existe déjà dans notre droit et sa durée peut atteindre dix-huit années.

Si je demande à l'Assemblée de ne pas ouvrir, à cet égard, un débat tendant à modifier cette mesure de sûreté, c'est parce que, dans un délai de deux ans – délai relativement court au regard du processus d'édification de la loi pénale –, le Gouvernement aura l'honneur de lui soumettre le projet d'un nouveau Code pénal, un Code pénal adapté à la société française de la fin du XXe siècle et, je l'espère, de l'horizon du XXIe siècle. À cette occasion, il conviendra que soit défini, établi, pesé par vous ce que doit être le système des peines pour la société française d'aujourd'hui et de demain. C'est pourquoi je vous demande de ne pas mêler au débat de principe sur l'abolition une discussion sur la peine de remplacement, ou plutôt sur la mesure de sûreté, parce que cette discussion serait à la fois inopportune et inutile.

Inopportune parce que, pour être harmonieux, le système des peines doit être pensé et défini en son entier, et non à la faveur d'un débat qui, par son objet même, se révèle nécessairement passionné et aboutirait à des solutions partielles.

Discussion inutile parce que la mesure de sûreté existante frappera à l'évidence tous ceux qui vont être condamnés à la peine de réclusion criminelle à perpétuité dans les deux ou trois années au plus qui s'écouleront avant que vous n'ayez, mesdames, messieurs les députés, défini notre système de peines et, que, par conséquent, la question de leur libération ne saurait en aucune façon se poser. Les législateurs que vous êtes savent bien que la définition inscrite dans le nouveau Code s'appliquera à eux, soit par l'effet immédiat de la loi pénale plus douce, soit – si elle est plus sévère – parce qu'on ne saurait faire de discrimination et que le régime de libération conditionnelle sera le même pour tous les condamnés à perpétuité. Par conséquent, n'ouvrez pas maintenant cette discussion.

Pour les mêmes raisons de clarté et de simplicité, nous n'avons pas inséré dans le projet les dispositions relatives au temps de guerre, le Gouvernement sait bien que, quand le mépris de la vie, la violence mortelle deviennent la loi commune, quand certaines valeurs essentielles du temps de paix sont remplacées par d'autres qui expriment la primauté de la défense de la Patrie, alors le fondement même de l'abolition s'efface de la conscience collective pour la durée du conflit, et, bien entendu, l'abolition est alors entre parenthèses.

Il est apparu au Gouvernement qu'il était malvenu, au moment où vous décidiez enfin de l'abolition dans la France en paix qui est heureusement la nôtre, de débattre du domaine éventuel de la peine de mort en temps de guerre, une guerre que rien heureusement n'annonce. Ce sera au Gouvernement et au législateur du temps de l'épreuve – si elle doit survenir – qu'il appartiendra d'y pourvoir, en même temps qu'aux nombreuses dispositions particulières qu'appelle une législation de guerre.

Mais arrêter les modalités d'une législation de guerre à cet instant où nous abolissons la peine de mort n'aurait point de sens. Ce serait hors de propos au moment où, après cent quatre-vingt-dix ans de débat, vous allez enfin prononcer et décider de l'abolition.

J'en ai terminé.

Les propos que j'ai tenus, les raisons que j'ai avancées, votre cœur, votre conscience vous les avaient déjà dictés aussi bien qu'à moi. Je tenais simplement, à ce moment essentiel de notre histoire judiciaire, à les rappeler, au nom du Gouvernement.

Je sais que dans nos lois, tout dépend de votre volonté et de votre conscience. Je sais que beaucoup d'entre vous, dans la majorité comme dans l'opposition, ont lutté pour l'abolition. Je sais que le Parlement aurait pu aisément, de sa seule initiative, libérer nos lois de la peine de mort. Vous avez accepté que ce soit sur un projet du Gouvernement que soit soumise à vos votes l'abolition, associant ainsi le Gouvernement et moi-même à cette grande mesure. Laissez-moi vous en remercier.

Demain, grâce à vous, la justice française ne sera plus une justice qui tue. Demain, grâce à vous, il n'y aura plus, pour notre honte commune, d'exécutions furtives, à l'aube, sous le dais noir, dans les prisons françaises. Demain, les pages sanglantes de notre justice seront tournées.

À cet instant plus qu'à aucun autre, j'ai le sentiment d'assumer mon ministère, au sens ancien, au sens noble, le plus noble qui soit, c'est-à-dire au sens de « service ». Demain, vous voterez l'abolition de la peine de mort. Législateur français, de tout mon cœur, je vous en remercie.

Bibliographie

Ouvrages de Robert Badinter

L'Exécution, Paris, Grasset, 1973.

Liberté, libertés, Paris, Gallimard, 1976.

Condorcet, un intellectuel en politique, avec Élisabeth Badinter, Paris, Fayard, 1988.

Libres et égaux… L'émancipation des Juifs, 1789-1791, Paris, Fayard, 1989.

La Prison républicaine, Paris, Fayard, 1992.

C.3.3, Arles, Actes Sud, 1995.

Un antisémitisme ordinaire. Vichy et les avocats juifs (1940-1944), Paris, Fayard, 2000.

L'Abolition, Paris, Fayard, 2000.

Une constitution européenne, Paris, Fayard, 2002.

Contre la peine de mort, Paris, Fayard, 2006.

Entretiens dans la revue *Le Débat*

« Un jour je vous parlerai de la justice », janvier 1985.

« De la demande de liberté à l'exigence de sécurité », janvier-février 2007.

Autour de Robert Badinter, de son époque, de ses préoccupations

Jacques Attali, *Verbatim I*, Paris, Fayard, 1993.
–, *C'était François Mitterrand*, Paris, Fayard, 2005.
Cesare Beccaria, *Des délits et des peines*, préface de Robert Badinter, Paris, Flammarion, 1991.
Georges-Marc Benamou, *Le Dernier Mitterrand*, Paris, Plon, 1996.
Philippe Boucher, *Le Ghetto judiciaire*, Paris, Grasset, 1978.
Jean-Denis Bredin, *Trop bien élevé*, Paris, Grasset, 2007.
Paul Cassia, *Robert Badinter, un juriste en politique*, Paris, Fayard, 2009.
Michel Charasse, *55 Faubourg Saint-Honoré*, Paris, Grasset, 1996.
Ariane Chemin, Géraldine Catalano, *Une famille au secret*, Paris, Stock, 2005.
Michèle Cotta, *Cahiers secrets de la Ve République*, II : *1977-1986*, Paris, Fayard, 2008.
Pauline Dreyfus, *Robert Badinter. L'épreuve de la justice*, Paris, Toucan, 2009.
Roland Dumas, *Le Fil et la Pelote. Mémoires*, Paris, Plon, 1996.
Pierre Favier et Michel Martin-Roland, *La Décennie Mitterrand*, Paris, Seuil, 1996.
Franz-Olivier Giesbert, *Le Président*, Paris, Seuil, 1990.
–, *François Mitterrand, une vie*, Paris, Seuil, 1996.
Abbé Grégoire, *Essai sur la régénération physique, morale et politique des Juifs*, préface de Robert Badinter, Paris, Stock, 1988.
Laurent Joffrin, *Histoire de la gauche caviar*, Paris, Robert Laffont, 2006.

BIBLIOGRAPHIE

Bernard Jouanneau, *La Justice et l'Histoire face au négationnisme*, avant-propos de Robert Badinter, Paris, Fayard, 2008.

Jean Lacouture, *Mitterrand, une histoire de Français*, Paris, Seuil, 1998.

Robert O. Paxton, *La France de Vichy, 1940-1944*, Paris, Seuil, 1973.

Charles Salzmann, *Le Bruit de la main gauche*, Paris, Robert Laffont, 1996.

Daniel Schneidermann, *Un étrange procès*, Paris, Fayard, 1998.

Revue *Le Débat*, septembre-octobre 1996 : *Mitterrand posthume.*

DVD

Les Années Mitterrand, TF1 Vidéo, 2006.

Comme un Juif en France, Yves Jeuland, 2007.

Robert Badinter, la justice et la vie, collection « Empreintes », documentaire de Joël Calmettes, 2008.

L'Exécution et *L'Abolition*, deux téléfilms de Jean-Daniel Verhaeghe, France 2, 2009.

Table

Des mêmes auteurs (*suite*)

Les Juifs dans la politique française, Paris, Flammarion, 1992.

Le Testament inachevé, avec Nicolas Domenach, Paris, Flammarion, 1994.

De si bons amis, avec Nicolas Domenach, Paris, Plon, 1994.

Simone Veil. Destin, Paris, Flammarion, 1994 ; coll. « J'ai lu », 1996.

Le Roman d'un Président, avec Nicolas Domenach, 3 vol., Paris, Plon, 1997-2003.

Off : Ce que Nicolas Sarkozy n'aurait jamais dû nous dire, avec Nicolas Domenach, Paris, Fayard, coll. « Documents », 2011 ; « Points », 2011.

Il faut tout changer !, avec Christian Estrosi, Paris, Albin Michel, 2017.

Le Tueur et le Poète, avec Nicolas Domenach, Paris, Albin Michel, 2019.

Achevé d'imprimer par
Corlet Imprimeur
14110 Condé-en-Normandie

Réalisation : Nord Compo à Villeneuve-d'Ascq
Dépôt légal : mars 2021
ISBN : 979-10-210-2996-5
Numéro d'édition : 4582
Numéro d'impression : 20120223
Imprimé en France